KAMUS DWIBAHASA ISTILAH TEOLOGIS BAHASA INGGRIS

DALAM BAHASA INDONESIA

DAN BAHASA INGGRIS

DENGAN REFERENSI ALKITABIAH

SECARA ALFABETIS BERDASARKAN TOPIK

Compiled, edited, written, and translated as a mission's ministry of the Bible-Way Missionary Baptist Church by Alan Hawthorne

ISBN: 979-8-218-19871-8

CONTENTS

iii

Biblical Inerrancy - Kesempurnaan Alkitab
Charismatic Or Pentecostal - Karismatik Atau Pentekosta
    - Berbahasa Roh / Bahasa Yang Tidak Dikenal - Speaking In
    Tongues
            Fakta Tentang Karunia "Bahasa Roh" Yaitu "Bahasa Yang
            Tidak Dikenal"
            Aturan untuk menggunakan "Bahasa Roh" Yaitu "Bahasa
            Yang Tidak Dikenal"
Church - Jemaat
    - Tujuan Jemaat - Purpose Of The Church
    - Sebutan Pertama Jemaat - First Mention of The Church
    - Pelajaran Tentang Jemaat dari Wahyu - Lessons About The Church
    From Revelation
Clergy - Rohaniwan
Commemorate - Mengenang
Communion - The Lord's Supper - Perjamuan Tuhan
Deacon - Diakon
Denomination - Denominasi
Discipling - Pemuridan
    - Murid (kata benda) - Disciple (noun)
    - Memuridkan (kata kerja) - To Disciple (V.T.)
Dogma - Dogma
Ecclesiology - Eklesiology
Ecumenism - Oikumene
    - Kekeliruan Dalam Gerakan Oikumene - Errors Of The Ecumenical
    Movement
Edification - Pembangunan Kerohanian
Efficacious - Yang Berkuasa
Elder - Tua-tua / Penatua
Eucharist - Ekaristi
Evangelism - Pengebaran Injil
Excommunicate - Mengucilkan
Extra Biblical Revelation - Wahyu Di Luar Alkitab
    - Masalah Berkaitan Dengan Wahyu Di Luar Alkitab - The Error Of
    Extra-Biblical Revelation
Fundamentalism - Fundamentalisme
Heretic and Heresy - Penganut Ajaran Sesat Dan Ajaran Sesat
Humanism - Humanisme
Indigenous - Pribumi
Liberalism - Liberalisme
Ordinance - Ketetapan
Para Church Organization - Organisasi Yang Tidak Dibawah Otoritas Gereja

iv

Pastor - Gembala Jemaat
 - Gembala Jemaat, Gembala, Tua-tua / Penatua - Pastor, Shepherd, Elder
Preacher - Pengkhotbah
 - Bolehkah Wanita Menjadi Pengkhotbah? - Should Women Be Preachers?
 - Aturan Alkitab Mengenai Perilaku Perempuan Dalam Jemaat
Protestant - Protestan
Rationalization - Rasionalisasi
Remembrance or Memorial - Peringatan Atau Pengenangan
Roman Catholic Church - Gereja Katolik Roma
Sacrament - Sakramen
Saint - Orang Suci
Shepherd - Gembala
Sola Scriptura - Hanya Berdasarkan Alkitab
Syncretism - Sinkretisme Juga disebut Penyatuan Keyakinan / Pencampuran Agama
Transubstantiation - Transubstansiasi
Worship - Penyembahan
 - Kebenaran Tentang Penyembahan - Bible Truths About Worship

Abomination - Kekejian
 - Penyembahan Berhala - Idolatry
 - Homoseksualitas / Sodomi - Homosexuality / Sodomy
Animism - Animisme
Apostasy - Kemurtadan
Divine (Adj.) - Ilahi (Kata Sifat)
Evil - Kejahatan
Godhead - Ketuhanan
Idol - Berhala
Idolatry - Penyembahan Berhala
 - Penyembahan berhala Masa Kini - Modern Idol Worship
Incarnation - Penjelmaan
Messiah and Christ - Messias Dan Kristus
Saviour or Savior - Juruselamat
Son Of God - Putra Tuhan
Theophany - Teofani
Trinity - Tritunggal
 - Satu Tuhan / Tuhan Yang Esa - One God
Tritheism - Triteisme

vi

FORWARD

The world of terminology can be a tricky one when speaking of Theology. Every religious sect has its own idea of what specific terms mean, and generally their understanding is vastly different from that of Christianity. Also, unlike English, many of this world's languages do not include precise terminology that makes Christian doctrine clearly understood. This makes the task of young students of the Bible very difficult, especially on the foreign mission field. Early in his ministry, our missionary to Indonesia recognized the need for a glossary or encyclopedia of sorts that would help explain Biblical terminology in a clear and concise way, and his heart's desire was to meet that need. After years of labor, this first edition of the Bilingual Dictionary of English Theological Terms for the Indonesian language speaking peoples is completed. There is a great lack of doctrinal books and resources in the Indonesian language written from a Biblically based conservative Christian perspective. The goal of this ministry is to overcome this challenge through translation work and the writing of original textbooks which will help prepare Indonesian preachers, Sunday School teachers and regular church members in their work for the Lord. With the Lord's help we will continue this work into the future, publishing and distributing and refining it, and be found faithful in it upon the return of our Lord Jesus Christ. It is our prayer that you will be encouraged, enlightened, and enriched spiritually by this labor of love.

-Ron Pittman, Pastor of Bible-Way Baptist Church

ACKNOWLEDGMENTS

Many thanks to Way of Life Literature and David W. Cloud for giving permission for materials from the Way of Life Encyclopedia of the Bible & Christianity to be quoted and translated to the Indonesian Language for the purpose of edifying our Christian brethren in Indonesia. There are individual footnotes at the end of the related sections of materials quoted. The vast majority of the footnotes concern the topic of Angels and Devils, and the topic of Eternity.

The Way of Life Encyclopedia of the Bible & Christianity is based upon the King James Bible and written from an uncompromising, Bible-believing position and is authored by David W. Cloud - Copyright 1993, 2000,

To our knowledge, it is the only Bible dictionary/encyclopedia that is written by a Fundamental Baptist and based strictly upon the King James Bible. This Bible Encyclopedia also contains the definitions of an exhaustive list of antiquated words and phrases from the KJV.

WAY OF LIFE LITERATURE, P.O. Box 610368, Port Huron, Michigan 48061-0368. In Canada, 4212 Campbell Sty. N., London, Ontario, N6P 1A6, Telephone: 519-652-2619, Fax: 519-652-0056, email: info@bethelbaptist.ca

This publication cites materials from the Computer Version 3.5 of the Bible Encyclopedia.

TOPIK: SALVATION - KESELAMATAN

ADOPTION - PENGANGKATAN ANAK (MENJADI ANAK)

Pengangkatan anak adalah pemberian kedudukan dan hak-hak sebagai anal kepada seseorang yang bukan anak kandung. Istilah yang digenean oleh Paulus sehubungan dengan hak orang Kristen pada masa kini dan pada masa depan.

Adoption is the granting of position and rights as a child to someone who is not their biological child. The term used by Paul in relation to the rights of Christians today and in the future.

Roma 8:15 Memang kalian tidak lagi menerima roh pembudakan yang mendatangkan ketakutan; melainkan kalian telah menerima Roh adopsi, yang dengan-Nya kita berseru, Abba, Bapa. (TISA)
Romans 8:15 For ye have not received the spirit of bondage again to fear; but ye have received the Spirit of adoption, whereby we cry, Abba, Father. (KJV)

Roma 8:23 Dan bukan hanya mereka, tetapi kita sendiri juga, yang memunyai buah sulung dari Roh, bahkan diri kita sendiri mengerang dalam batin, menantikan adopsi, yaitu, penebusan tubuh kita. (TISA)
Romans 8:23 And not only they, but ourselves also, which have the firstfruits of the Spirit, even we ourselves groan within ourselves, waiting for the adoption, to wit, the redemption of our body. (KJV)

Catatan: Lihat juga Galatia 4:5 dan Efesus 1:5. - Note: See also Galatians 4:5 and Ephesians 1:5.

ATONEMENT - PENDAMAIAN DENGAN TUHAN (LIHAT JUGA

KATA 'RECONCILIATION')

Arti kata ini adalah "at-one-ment" yaitu keadaan didamaikan. Jadi *atonement* berarti pendamaian.

The meaning of the word is at-one-ment, i.e., the state of being "at one" or being reconciled, so the meaning of atonement is reconciliation.

Roma 5:11 Dan bukan hanya begitu, tetapi kita juga bermegah dalam Tuhan melalui Junjungan kita, Yesus Kristus, yang melalui Dia kita sudah menerima pendamaian. (TISA)

Romans 5:11 And not only so, but we also joy in God through our Lord Jesus Christ, by whom we have now received the atonement. (KJV)

Catatan: Lihat juga 2 Korintus 5:18, 19.

Note: See also 2 Corinthians 5:18, 19.

BLOOD OF JESUS CHRIST - DARAH YESUS KRISTUS

Kuasa penebusan dalam Darah Yesus Kristus adalah ajaran yang sangat penting.

The redeeming power of the Blood of Jesus Christ is an extremely important doctrine.

Roma 5:9 Jadi, terlebih lagi, kita yang sudah diadilkan dengan darah-Nya, juga akan diselamatkan dari murka melalui Dia. (TISA)

Romans 5:9 Much more then, being now justified by his blood, we shall be saved from wrath through him. (KJV)

Catatan: Lihat juga Efesus 1:7; Ibrani 9:22; 13:12. - Note: See also Ephesians 1:7; Hebrews 9:22; 13:12.

Dalam Alkitab darah disamakan dengan nyawa, jadi darah

sangat penting dalam pandangan Tuhan. Juga, dalam Alkitab, Tuhan tidak membolehkan manusia memakan darah walaupun manusia diberi hak oleh Tuhan untuk memakan semua binatang.

In the Bible blood is equated with life, so blood is very important in God's sight. Also, in the Bible God does not allow man to use blood as food even though man is given power by God to use all animals as food.

Kisa Para Rasul 15:20 tetapi kita harus menulis surat kepada mereka, supaya mereka menjauhkan diri dari makanan yang telah dicemarkan berhala-berhala, dari percabulan, dari daging binatang yang mati dicekik dan dari darah. (ITB)

Acts 15:20 But that we write unto them, that they abstain from pollutions of idols, and from fornication, and from things strangled, and from blood. (KJV)

Kisa Para Rasul 15:29 kamu harus menjauhkan diri dari makanan yang dipersembahkan kepada berhala, dari darah, dari daging binatang yang mati dicekik dan dari percabulan. Jikalau kamu memelihara diri dari hal-hal ini, kamu berbuat baik. Sekianlah, selamat. (ITB)

Acts 15:29 That ye abstain from meats offered to idols, and from blood, and from things strangled, and from fornication: from which if ye keep yourselves, ye shall do well. Fare ye well. (KJV)

Catatan: Lihat juga Kejadian 9:3, 4; Imamat 17:11; Kisah Para Rasul 20:28; Kolossi 1:14.

Note: See also Genesis 9:3, 4; Leviticus 17:11; Acts 20:28; Colossians 1:14.

-MANA YANG BENAR, DARAH YESUS DITUMPAHKAN ATAU DARAH YESUS TERTUMPAH?
-JESUS CHRIST'S BLOOD SHED VS. JESUS CHRIST'S

BLOOD SPILLED

Ini konsep teologia yang penting sekali, "ditumpahkan" atau "tertumpah"? Tidak benar kalau mengatakan bahwa darah Yesus tertumpah. Yang benar adalah ditumpahkan karena Yesus rela dan dengan sengaja menumpahkan darah-Nya. Awalan "ter" dalam Bahasa Indonesia bisa membingungkan karena ada dua arti.

Whether Jesus Christ's blood was shed or spilled has important theological implications. Jesus Christ intentionally gave his blood to save sinners, therefore the correct word is shed, meaning it was an intentional act. It is not true to say that the blood of Jesus was spilled!

<u>Arti Pertama</u> 'tidak sengaja' - "Dompet saya tertinggal di rumah".
<u>Arti Kedua</u> 'dalam keadaan' - "Rumah saya terbuka untuk Anda".

Istilah "tertumpah" dalam konteks "darah Yesus Kristus tertumpah" hanya benar dalam arti kedua.

The truth is that it was shed because Jesus willingly and deliberately shed His blood for us. If we use the word spilled it implies that Jesus Christ's blood was accidentally or unintentionally lost.

BORN AGAIN - LAHIR LAGI

Selain kelahiran secara jasmani, orang yang percaya kepada Yesus Kristus mengalami kelahiran rohani yang disebut kelahiran baru atau lahir lagi. Sebetulnya, frasa 'kelahiran kembali' tidak betul untuk lahir lagi yang Alkitabiah. Kelahiran baru itu adalah kelahiran rohani untuk kehidupan kekal yang akan datang sesudah akhir kehidupan jasmani. Dalam Alkitab, kelahiran baru bukan penjelmaan lagi seperti dalam agama Hindu. Penjelmaan lagi dalam agama Hindu disebut

reinkarnasi atau "reincarnation".
Regeneration as found in Matthew 19:28 and Titus 3:5 literally means a "new birth". Besides his natural birthday the believer has a spiritual birthday, so people who believe in Jesus Christ experience a spiritual birth called the new birth or being born again. The new birth is a spiritual birth unto eternal life that will continue after the end of physical life. In the Bible, the new birth is not a reincarnation as in Hinduism.

Yohanes 3:3 Yesus menjawab dan berkata kepada dia, Betul-betul, Aku berkata kepada engkau, Kalau seseorang tidak dilahirkan lagi, dia tidak bisa melihat kerajaan Tuhan. (TISA)
John 3:3 Jesus answered and said unto him, Verily, verily, I say unto thee, Except a man be born again, he cannot see the kingdom of God. (KJV)

Yohanes 3:6 Apa yang dilahirkan dari daging adalah daging; dan apa yang dilahirkan dari Roh adalah roh. (TISA)
John 3:6 That which is born of the flesh is flesh; and that which is born of the Spirit is spirit. (KJV)

Catatan: Lihat juga Matius 19:28; 2 Korintus 5:17; Efesus 2:1; Titus 3:5; 1 Petrus 1:23.
Note: See also Matthew 19:28; 2 Corinthians 5:17; Ephesians 2:1; Titus 3:5; 1 Peter1:23.

CONDEMNATION - VONIS HUKUMAN

Alkitab berbicara tentang vonis hukuman dalam Roma 6:23 yaitu memvonis apakah seseorang dinyatakan bersalah atau tidak. Lawan dari memvonis hukuman adalah membebaskan.
The Bible speaks of Condemnation in Romans 6:23, To determine or judge to be wrong, or guilty, to doom as opposed to acquit or absolve.

Roma 6:23 Memang upah dosa adalah kematian; tetapi karunia Tuhan adalah kehidupan kekal melalui Yesus Kristus, Junjungan kita. (TISA)
Romans 6:23 For the wages of sin is death; but the gift of God is eternal life through Jesus Christ our Lord. (KJV)

Ada beberapa contoh lain dari Alkitab untuk "condemnation" di bawah:
Other examples of "condemnation" in the Bible:

Roma 5:16 Dan karunia itu tidak seperti yang dari satu orang yang berbuat dosa: karena penghakiman itu dari satu orang, yaitu Adam, untuk vonis hukuman, tetapi karunia itu berlaku untuk banyak kesalahan demi kemahaadilan. (TISA)
Romans 5:16 And not as it was by one that sinned, so is the gift: for the judgment was by one to condemnation, but the free gift is of many offences unto justification. (KJV)

Roma 5:18 Oleh karena itu, sama seperti melalui kesalahan satu orang, penghakiman datang ke semua orang untuk vonis hukuman; demikian pula melalui kemahaadilan satu orang, karunia datang ke semua orang untuk menunjukkan kehidupan adil dan jujur. (TISA)
Romans 5:18 Therefore as by the offence of one judgment came upon all men to condemnation; even so by the righteousness of one the free gift came upon all men unto justification of life. (KJV)

Roma 8:1 Jadi, sudah tidak ada vonis hukuman untuk mereka yang ada dalam Kristus Yesus, yang tidak berjalan menurut kedagingan, melainkan berjalan menurut Roh. (TISA)
Romans 8:1 There is therefore now no condemnation to

them which are in Christ Jesus, who walk not after the flesh, but after the Spirit. (KJV)

Yohanes 3:18, 19 Siapapun yang percaya kepada Dia, tidak dihakimi: tetapi orang yang tidak percaya sudah dihakimi, karena dia tidak percaya kepada nama Putra kandung Tuhan yang satu-satunya. 19 Dan inilah penghakiman itu, bahwa penerangan telah datang ke dalam dunia, dan manusia lebih mengasihi kegelapan daripada penerangan, karena perbuatan-perbuatan mereka jahat. (TISA)

John 3:18, 19 He that believeth on him is not condemned: but he that believeth not is condemned already, because he hath not believed in the name of the only begotten Son of God. 19 And this is the condemnation, that light is come into the world, and men loved darkness rather than light, because their deeds were evil. (KJV)

Yohanes 5:24 Betul-betul, Aku berkata kepada kalian, Seseorang yang mendengar firman-Ku, dan percaya kepada Dia yang mengutus Aku, memunyai kehidupan kekal dan tidak akan masuk ke dalam penghakiman; melainkan dia dialihkan dari kematian ke kehidupan. (TISA)

John 5:24 Verily, verily, I say unto you, He that heareth my word, and believeth on him that sent me, hath everlasting life, and shall not come into condemnation; but is passed from death unto life. (KJV)

CONTROVERSY - KONTROVERSI

Kontroversi adalah topik yang bisa didebatkan, khususnya di antara kelompok-kelompok pemeluk agama. Kita harus mengambil sikap untuk beberapa hal yang kontroversial, contohnya aborsi, hukuman mati, dll. Tidak boleh bertoleransi dengan hal-hal yang sudah ditetapkan dalam Alkitab. Kalau

kita punya keyakinan tentang sesuatu, tidak boleh ada toleransi. **Tentang hukuman mati sudah dijelaskan dalam Perjanjian Lama dan ditegaskan dalam Perjanjian Baru dalam Roma pasal 13. Dalam Perjanjian Baru Tuhan sendiri juga melaksanakan hukuman mati dalam hal kasus Ananias dan Safira (Kisah Para Rasul pasal 5).**

A topic which causes contention and strife among men, especially between religious groups. On some controversial subjects such as capital punishment, abortion and such like we must take a stand and not back down. Capital Punishment is taught in the Old Testament and confirmed in the New Testament in Romans Chapter 13. God Himself used capital punishment in the case of Ananias and Saphira (Acts chapter 5).

Secara umum lebih baik kita menghindari hal-hal yang kontroversial. Yaitu dengan tidak memancing perdebatan seperti yang diajarkan dalam Alkitab melalui ayat-ayat di bawah ini.

However, in general it is better to live without strife or controversy, and avoid debatable topics and actions. Avoid doing anything controversial as much as possible, as taught in the scriptures below.

Sesuai dengan ajaran Alkitab tentang kontroversi, jangan memancing perdebatan. Menggunakan istilah "Allah" sebagai kata umum untuk Tuhan adalah hal yang memancing perdebatan. Istilah "Allah" bisa memancing perdebatan dengan orang Islam. Juga ada orang Kristen yang tidak setuju menggunakan istilah "Allah" untuk Tuhan orang Kristen. Kata "Allah" adalah nama tuhan untuk agama Islam. Kata "Allah" bukan kata umum untuk Tuhan. Intinya, hindarilah perdebatan. Jangan meremehkan konsep ini.

Along this line of reasoning we should not use the word "Allah" to mean the God of Abraham because use of this word is cause for great debate on both sides of the issue! There are many followers of Islam that do not approve of Christians using "Allah" to mean the

Christian God, and there are also many Christians who believe it is improper to use the word "Allah". Let's not be complacent about this subject!

Roma 12:18 Dari pihak kalian, kalau mungkin, berdamailah dengan semua orang. (TISA)
Romans 12:18 If it be possible, as much as lieth in you, live peaceably with all men. (KJV)

Catatan: Lihat juga: 1 Korintus 11:16, 14:33; Efesus 4:3; Kolosi 3:15; 1 Tesalonika 5:13; Ibrani 12:14; 1 Petrus 3:11.
Note: See also 1 Corinthians 11:16, 14:33; Ephesians 4:3; Colossians 3:15; 1 Thessalonians 5:13; Hebrews 12:14; 1 Peter 3:11.

CONVERSION - PERUBAHAN

Perubahan dalam konteks ini adalah menjadi orang percaya. Berpindah atau berubah dari satu keadaan ke keadaan yang lain, dari satu agama ke agama yang lain.
A turning or change from one state to another; a change from one religion to another; as the conversion of the Gentiles.

Kisah Para Rasul 3:19 Karena itu, ketika saat penyegaran datang dari hadirat Tuhan, bertobatlah dan berbaliklah, supaya dosa-dosamu dihapuskan, (MB)
Acts 3:19 Repent ye therefore, and be converted, that your sins may be blotted out, when the times of refreshing shall come from the presence of the Lord; (KJV)

Kisah Para Rasul 15:3 Mereka diantarkan oleh jemaat sampai ke luar kota, lalu mereka berjalan melalui Fenisia dan Samaria, dan di tempat-tempat itu mereka menceriterakan tentang pertobatan orang-orang yang tidak mengenal Tuhan. Hal itu sangat menggembirakan hati saudara-saudara di situ. (ITB)

Acts 15:3 And being brought on their way by the church, they passed through Phenice and Samaria, declaring the conversion of the Gentiles: and they caused great joy unto all the brethren. (KJV)

CONVICTION - KEYAKINAN

ARTI PERTAMA - Kepercayaan yang amat sangat teguh adalah keyakinan. Kepercayaan yang paling kuat yang tidak mungkin berubah adalah keyakinan. Manusia tidak bisa mengubah keyakinan.
FIRST MEANING - Firm belief. A belief held that absolutely cannot be altered. There is no human authority over this kind of conviction.

ARTI KEDUA - Keyakinan merujuk pada konsep yang sering ditunjukkan dalam Alkitab tetapi jarang dipakai. Keyakinan merujuk pada perasaan yang dialami seseorang ketika dia sungguh-sungguh diyakinkan oleh Roh Kudus akan dosanya. Keyakinan merujuk pada keadaan ketika Roh Kudus mendorong seseorang untuk mengakui dosanya. Ketika seseorang sungguh diyakinkan oleh Roh Kudus, orang itu bertobat.
SECOND MEANING - Conviction is a concept often demonstrated in the Bible but the word conviction is rarely used. The feeling one experiences when one is totally convinced of ones own sin or sinfulness. The act of the Holy Spirit in compelling one to acknowledge his own sin or sinfulness. The state of being convinced or convicted by the Holy Spirit. By conviction, a sinner is brought to repentance.

Contoh Arti Pertama: Roma 4:21 dan dengan diyakinkan sepenuhnya bahwa apa yang telah Dia janjikan, Dia juga sanggup melakukan. (TISA)
Example of the first meaning: Romans 4:21 And being fully persuaded that, what he had promised, he was able also to perform. (KJV)

Contoh-contoh Arti Kedua: Mazmur 51:5 Sebab aku sendiri sadar akan pelanggaranku, aku senantiasa bergumul dengan dosaku. (ITB) (Catatan: Istilah Keyakinan tidak ada tetapi koncepnya ada.)
Examples of the second meaning: Psalms 51:3 For I acknowledge my transgressions: and my sin is ever before me. (KJV)

Kisah Para Rasul 2:36, 37 Jadi semua orang Israel bisa mengetahui dengan pasti bahwa Tuhan telah membuat YESUS yang kamu salibkan itu, Junjungan dan Kristus sekaligus. 37 Nah, ketika mendengar hal itu hati mereka sangat terharu, lalu mereka berkata kepada Petrus dan rasul-rasul lainnya, Saudara-saudara, apakah yang harus kami lakukan? (TISA) (Catatan: Istilah Keyakinan tidak ada tetapi koncepnya ada.)
Acts 2:36, 37 Therefore let all the house of Israel know assuredly, that God hath made that same Jesus, whom ye have crucified, both Lord and Christ. 37 Now when they heard this, they were pricked in their heart, and said unto Peter and to the rest of the apostles, Men and brethren, what shall we do? (KJV)

FAITH - IMAN

Iman datang dari pendengaran (Roma 10:14-17). Iman kepada Yesus Kristus adalah anugerah yang menyelamatkan, di mana kita menerima Dia dan mempercayakan diri kita kepada-Nya untuk keselamatan yang Dia tawarkan kepada kita dalam Injil.
Faith comes by hearing (Romans 10:14-17). Faith in Jesus Christ is a saving grace, whereby we accept Him and entrust ourselves to Him for the salvation He offers us in the gospel.

Roma 5:1 Jadi, karena kita sudah dijadikan adil melalui iman, kita memunyai kedamaian dengan Tuhan melalui

Junjungan kita Yesus Kristus: (TISA)
Romans 5:1 Therefore being justified by faith, we have peace with God through our Lord Jesus Christ: (KJV)

Roma 10:14-17 Jadi bagaimana mereka bisa berseru kepada Dia yang tidak mereka percayai? Dan bagaimana mereka bisa percaya kepada Dia yang tidak mereka dengar? Dan bagaimana mereka bisa mendengar kalau tidak ada yang memberitakan? 15 Dan bagaimana mereka bisa memberitakan kalau tidak diutus? Seperti telah tertulis, Betapa indahnya kaki mereka yang memberitakan Injil kedamaian, dan membawa kabar baik tentang hal-hal yang baik! 16 Namun tidak semua dari mereka taat pada Injil. Memang Yesaya berkata, Tuhan, siapa percaya pada pemberitaan kami? 17 Jadi, iman datang dari pendengaran, dan pendengaran melalui firman Tuhan. (TISA)
Romans 10:14-17 How then shall they call on him in whom they have not believed? and how shall they believe in him of whom they have not heard? and how shall they hear without a preacher? 15 And how shall they preach, except they be sent? as it is written, How beautiful are the feet of them that preach the gospel of peace, and bring glad tidings of good things! 16 But they have not all obeyed the gospel. For Esaias saith, Lord, who hath believed our report? 17 So then faith cometh by hearing, and hearing by the word of God. (KJV)

Catatan: Lihat juga: Kisah Para Rasul 26:18; Yudus 1:3. - Note: See also: Acts 26:18; Jude 1:3.

GOSPEL - INJIL, KABAR BAIK, KABAR KESELAMATAN

Sejarah tentang kelahiran, kehidupan, pelayanan, kematian, kebangkitan, kenaikan dan ajaran Yesus Kristus disebut injil

atau kabar baik. **Pemberitaan injil sering digunakan tidak hanya untuk memberitakan kabar baik, tetapi juga untuk mengajar manusia bagaimana bisa mengambil manfaat dari tawaran keselamatan, menyatakan kebenaran, ajaran, janji-janji dan peringatan-peringatan dalam agama Kristen.**
The history of the birth, life, ministry, death, resurrection, ascension and teachings of Jesus Christ is called the gospel or good news. Evangelism is often used not only to preach the good news, but also to teach people how to take advantage of the offer of salvation, proclaiming the truth, teachings, promises and warnings in Christianity.

Roma 1:16 Memang aku tidak malu akan Injil Kristus: memang Injil itu kuasa Tuhan untuk keselamatan semua orang yang percaya; pertama-tama untuk orang Yahudi, dan juga untuk orang yang bukan Yahudi. (TISA)
Romans 1:16 For I am not ashamed of the gospel of Christ: for it is the power of God unto salvation to every one that believeth; to the Jew first, and also to the Greek. (KJV)

2 Timotius 1:10 dan yang sekarang dinyatakan oleh kedatangan Juruselamat kita Yesus Kristus, yang oleh Injil telah mematahkan kuasa maut dan mendatangkan hidup yang tidak dapat binasa. (ITB)
2 Timothy 1:10 But is now made manifest by the appearing of our Saviour Jesus Christ, who hath abolished death, and hath brought life and immortality to light through the gospel: (KJV)

GRACE - ANUGERAH

Menerima sesuatu yang tidak layak diterima. Kasih dan kebaikan Tuhan yang diberikan dengan cuma-cuma bukan karena kita layak menerimanya. Tuhan adalah sumber segala berkat melalui anugerah-Nya.
To receive something undeserved. God's love and goodness are

freely given not because we deserve it. God is the source of all blessings through His grace. Grace is the free unmerited love and favor of God, the spring and source of all the benefits men receive from him. The gospel is a declaration of the grace of God.

Yohanes 1:14-17 Dan Firman itu telah menjadi daging, dan berdiam di antara kita, (dan kemuliaan-Nya kita rasakan, kemuliaan sebagai Putra kandung yang satu-satunya dari Bapa,) penuh anugerah dan kebenaran. 15 ¶ Yohanes memberikan kesaksian tentang Dia, dan berkata, dengan berseru, Dia adalah orang yang telah aku beritakan, Dia yang datang setelah aku sudah ada lebih dulu dari aku: memang Dia sudah ada sebelum aku. 16 Dan dari kelimpahan-Nya, kita semua sudah menerimanya, juga anugerah yang bertambah-tambah. 17 Memang hukum Taurat diberikan melalui Musa, tetapi anugerah dan kebenaran datang melalui Yesus Kristus. (TISA)

John 1:14-17 And the Word was made flesh, and dwelt among us, (and we beheld his glory, the glory as of the only begotten of the Father,) full of grace and truth. 15 John bare witness of him, and cried, saying, This was he of whom I spake, He that cometh after me is preferred before me: for he was before me. 16 And of his fulness have all we received, and grace for grace. 17 For the law was given by Moses, but grace and truth came by Jesus Christ. (KJV)

Roma 5:15 Akan tetapi karunia Tuhan tidak seperti kesalahan Adam. Memang kalau kesalahan itu, yang melalui satu orang, yaitu Adam, banyak orang mati, demikian juga anugerah Tuhan, dan karunia Tuhan yang melalui anugerah-Nya, yang melalui satu orang, yaitu Yesus Kristus, sudah berlimpah kepada banyak orang. (TISA)

Romans 5:15 But not as the offence, so also is the free gift. For if through the offence of one many be dead, much more the grace of God, and the gift by grace, which is by one man, Jesus Christ, hath abounded unto many. (KJV)

Efesus 2:8, 9 Memang oleh anugerah kamu diselamatkan melalui iman; dan hal itu bukanlah dari diri kalian sendiri: *melainkan* hal itu adalah karunia Tuhan: bukan dari perbuatan, supaya tidak seorangpun memegahkan diri. (TISA)
Ephesians 2:8, 9 For by grace are ye saved through faith; and that not of yourselves: 9 it is the gift of God: Not of works, lest any man should boast. (KJV)

Catatan: Lihat juga: Kisah Para Rasul 20:24, 32; 1 Korintus 1:4; Efesus 2:4-9; 1 Petrus 1:10.
Note: See also: Acts 20:24, 32; 1 Corinthians 1:4; Ephesians 2:4-9; 1 Peter 1:10.

IMPUTE - MEMPERHITUNGKAN

Memperhitungkan kepada seseorang sesuatu yang bukan miliknya sebagai miliknya.
To reckon to someone something that does not belong to him as though it were his. To assign something to someone as a characteristic; credit:

Roma 4:6-8 Sama seperti Daud juga menceritakan keadaan terberkati seseorang yang kepadanya Tuhan memperhitungkan kemahaadilan tanpa perbuatan, 7 dengan berkata, Diberkatilah mereka yang pelanggaran-pelanggarannya ditiadakan, dan yang dosa-dosanya ditutupi. 8 Diberkatilah orang yang kepadanya Sang Junjungan tidak memperhitungkan dosa. (TISA)
Romans 4:6-8 Even as David also describeth the blessedness of the man, unto whom God imputeth righteousness without works, 7 Saying, Blessed are they whose iniquities are

forgiven, and whose sins are covered. 8 Blessed is the man
to whom the Lord will not impute sin. (KJV)

**Roma 4:11 Dan dia menerima tanda sunatan sebagai
meterai kemahaadilan dari imannya yang dia punyai
sebelum bersunat: supaya dia bisa menjadi bapa untuk
semua orang yang percaya, walaupun mereka tidak
bersunat; supaya kemahaadilan bisa diperhitungkan
kepada mereka juga: (TISA)**
Romans 4:11 And he received the sign of circumcision, a
seal of the righteousness of the faith which he had yet being
uncircumcised: that he might be the father of all them that
believe, though they be not circumcised; that righteousness
might be imputed unto them also: (KJV)

**Roma 4:22-24 Dan sebagai hasil iman itu, kemahaadilan
diperhitungkan kepada Abraham. 23 Nah, tidak ditulis
demi dia saja bahwa kemahaadilan diperhitungkan
kepada dia; 24 melainkan demi kita juga, yang
kepadanya hal itu akan diperhitungkan, kalau kita
percaya kepada Dia yang telah membangkitkan Yesus,
Junjungan kita, dari antara orang mati (TISA)**
Romans 4:22-24 And therefore it was imputed to him for
righteousness. 23 Now it was not written for his sake alone,
that it was imputed to him; 24 But for us also, to whom it
shall be imputed, if we believe on him that raised up Jesus
our Lord from the dead; (KJV)

**Roma 5:13 (Memang dosa telah ada dalam dunia
sebelum ada hukum Taurat: tetapi dosa tidak
diperhitungkan ketika tidak ada hukum. (TISA)**
Romans 5:13 (For until the law sin was in the world: but sin
is not imputed when there is no law. (KJV)

JUSTIFIED - DIADILKAN ATAU DIANGGAP ADIL

Diadilkan, dianggap adil, dan "Justified" artinya, "seseorang yang dianggap sebagai yang tidak pernah berbuat dosa". Dalam teologia artinya "pengampunan hukuman atas dosa", atau "tindakan Tuhan yang mengampuni orang yang berdosa" karena anugerah, dan menerima orang itu sebagai orang yang adil dan jujur karena pendamaian Yesus Kristus.

"Justified" means, "a person who is considered to have never sinned". In theology it means "forgiveness instead of punishment for sins", or "God's act of forgiving the sinner" by grace, and accepting that person as a just and honest person because of the atonement of Jesus Christ.

Roma 2:12, 13 Memang semua orang yang berbuat dosa tanpa hukum Taurat, juga akan binasa tanpa hukum Taurat: dan semua orang yang berbuat dosa dengan hukum Taurat akan dihakimi melalui hukum Taurat; 13 (memang bukan pendengar hukum Taurat yang adil di hadapan Tuhan, melainkan para pelaku hukum Taurat yang akan dianggap adil. (TISA)

Romans 2:12, 13 For as many as have sinned without law shall also perish without law: and as many as have sinned in the law shall be judged by the law; 13 (For not the hearers of the law are just before God, but the doers of the law shall be justified. (KJV)

Roma 3:20-30 Oleh karena itu tidak ada seorangpun yang diadilkan berdasarkan perbuatan hukum Taurat di hadapan Dia: memang melalui hukum Taurat ada pengetahuan tentang dosa. 21 Akan tetapi sekarang tanpa hukum Taurat kemahaadilan Tuhan telah dinyatakan, dan telah disaksikan melalui hukum Taurat dan para nabi; 22 yaitu kemahaadilan Tuhan yang ada melalui iman dalam Yesus Kristus untuk semua orang dan atas semua orang yang percaya: memang tidak ada perbedaan: 23 memang semua orang sudah berdosa, dan kekurangan kemuliaan Tuhan; 24 dengan diadilkan dengan cuma-cuma oleh anugerah-Nya, melalui penebusan yang ada dalam Yesus Kristus: 25 yang telah dikedepankan oleh Tuhan untuk menjadi pemadam kemurkaan yang mendamaikan melalui iman dalam darah-Nya, untuk menunjukkan kemahaadilan-Nya untuk penangguhan hukuman atas dosa yang terjadi pada zaman dulu, melalui penahanan diri Tuhan; 26 untuk menunjukkan kemahaadilan-Nya pada masa sekarang: supaya Dia mahaadil, dan supaya Dia yang mengadilkan orang yang beriman kepada Yesus. 27 Jadi, di mana kemegahan? Tidak seorangpun bisa bermegah. Melalui hukum yang mana? Yang dari perbuatan? Tidak: melainkan melalui hukum dari iman. 28 Jadi, kami menganggap bahwa manusia diadilkan melalui iman tanpa perbuatan hukum Taurat. 29 Apakah Dia Tuhan untuk bangsa Yahudi saja atau juga untuk bangsa-bangsa bukan Yahudi? Iya, Dia adalah Tuhan untuk bangsa-bangsa bukan Yahudi juga: 30 karena memang itulah Tuhan yang satu-satunya yang akan mengadilkan baik orang-orang yang bersunat berdasarkan iman maupun orang-orang yang tidak bersunat melalui iman. (TISA)

Romans 3:20-30 Therefore by the deeds of the law there shall no flesh be justified in his sight: for by the law is the knowledge of sin. 21 But now the righteousness of God without the law is manifested, being witnessed by the law and the prophets; 22 Even the righteousness of God which is by faith of Jesus Christ unto all and upon all them that believe: for there is no difference: 23 For all have sinned, and come short of the glory of God; 24 Being justified freely by his grace through the redemption that is in Christ Jesus: 25 Whom God hath set forth to be a propitiation through faith in his blood, to declare his righteousness for the remission of sins that are past, through the forbearance of God; 26 To declare, I say, at this time his righteousness: that he might be just, and the justifier of him which believeth in Jesus. 27 Where is boasting then? It is excluded. By what law? of works? Nay: but by the law of faith. 28 Therefore we conclude that a man is justified by faith without the deeds of the law. 29 Is he the God of the Jews only? is he not also of the Gentiles? Yes, of the Gentiles also: 30 Seeing it is one God, which shall justify the circumcision by faith, and uncircumcision through faith. (KJV)

Roma 4:2-5 Memang kalau Abraham diadilkan melalui perbuatan, maka dia memunyai alasan untuk bermegah; tetapi tidak di hadapan Tuhan. 3 Apa yang dikatakan dalam tulisan kudus? Abraham percaya kepada Tuhan, dan hal itu dianggap sebagai kemahaadilan untuk dia. 4 Nah, kepada orang yang bekerja, upahnya tidak dianggap sebagai anugerah, melainkan sebagai utang. 5 Akan tetapi kepada orang yang tidak bekerja, tetapi percaya kepada Dia yang mengadilkan orang fasik, imannya dianggap sebagai kemahaadilan. (TISA)

Romans 4:2-5 For if Abraham were justified by works, he hath whereof to glory; but not before God. 3 For what saith the scripture? Abraham believed God, and it was counted unto him for righteousness. 4 Now to him that worketh is the reward not reckoned of grace, but of debt. 5 But to him that worketh not, but believeth on him that justifieth the ungodly, his faith is counted for righteousness. (KJV)

Catatan: Lihat juga: Roma 5:1; Titus 3:7; Galatia 2:16, 3:11, 24.
Note: See also: Romans 5:1; Titus 3:7; Galatians 2:16, 3:11, 24.

MERCY - BELAS KASIHAN ATAU RAHMAT

Untuk tidak memberi hukuman atas dosa yang seharusnya diberi. 'Belas Kasihan' atau 'Rahmat' adalah istilah Alkitab yang menyatakan salah satu sifat Tuhan. Melalui pengurbanan

Yesus Kristus, terbuka jalan untuk memberikan rahmat kepada manusia, sesuai dengan kebenaran dan kemahaadilan-Nya. Belas Kasihan atau Rahmat berkaitan dengan pengampunan dan penahanan diri Tuhan.
To not give punishment for sins that is deserved. 'Mercy' is a Biblical term that expresses one of the attributes of God. Through the sacrifice of Jesus Christ, the way is opened to give mercy to humans, according to His righteousness and justice. Mercy has to do with God's forgiveness and Self-restraint.

Roma 11:30-32 Memang sama seperti kalian dulu menolak percaya kepada Tuhan, namun sekarang mendapat belas kasihan melalui ketidakpercayaan mereka: 31 begitupun sekarang mereka juga menolak percaya, supaya melalui rahmat kalian, mereka juga mendapat belas kasihan. 32 Memang Tuhan telah mengurung semua orang dalam ketidakpercayaan, supaya Dia berbelaskasihan kepada semua orang. (TISA)
Romans 11:30-32 For as ye in times past have not believed God, yet have now obtained mercy through their unbelief: 31 Even so have these also now not believed, that through your mercy they also may obtain mercy. 32 For God hath concluded them all in unbelief, that he might have mercy upon all. (KJV)

Roma 12:8 kalau dia yang mendorong, biarlah dia melayani dengan mendorong: dia yang memberi, biarlah dia melakukannya dengan keikhlasan; dia yang memimpin, biarlah dia memimpin dengan rajin; dia yang menunjukkan belas kasihan, biarlah dia melakukannya dengan gembira. (TISA)
Romans 12:8 Or he that exhorteth, on exhortation: he that giveth, let him do it with simplicity; he that ruleth, with diligence; he that sheweth mercy, with cheerfulness. (KJV)

Roma 15:9 dan supaya bangsa-bangsa bukan Yahudi memuliakan Tuhan atas rahmat-Nya; seperti yang telah tertulis, Demi hal itu aku akan mengakui Engkau di antara bangsa-bangsa bukan Yahudi, dan menyanyikan pujian untuk nama-Kau. (TISA)

Romans 15:9 And that the Gentiles might glorify God for his mercy; as it is written, For this cause I will confess to thee among the Gentiles, and sing unto thy name. (KJV)

Catatan: Lihat juga: Efesus 2:4, 5; Titus 3:5, 6; Ibrani 4:16; 1 Petrus 1:3.

Note: See also: Ephesians 2:4, 5; Titus 3:5, 6; Hebrews 4:16; 1 Peter 1:3.

PROSELYTE - PENGANUT AGAMA BARU, PEMELUK AGAMA BARU

Orang yang mengganti keyakinannya dan menjadi penganut agama baru. Penyembah berhala yang menjadi orang Kristen adalah penganut agama baru atau OKB (Orang Kristen Baru). Apapun latar belakangnya penganut agama baru disebut "proselyte".

People who change their beliefs and become adherents of a new religion. Pagans who become Christians are adherents of the new religion or new Christians. Whatever the background, adherents of the new religion are called "proselytes".

Kisah Para Rasul 2:10 Frigia dan Pamfilia, Mesir dan daerah-daerah Libia yang berdekatan dengan Kirene, pendatang-pendatang dari Roma, baik orang Yahudi maupun penganut agama [baru] Yahudi, (ITB)

Acts 2:10 Phrygia, and Pamphylia, in Egypt, and in the parts of Libya about Cyrene, and strangers of Rome, Jews and proselytes, (KJV)

Kisah Para Rasul 6:5 Usul itu diterima baik oleh seluruh

jemaat, lalu mereka memilih Stefanus, seorang yang penuh iman dan Roh Kudus, dan Filipus, Prokhorus, Nikanor, Timon, Parmenas dan Nikolaus, seorang penganut agama [baru] Yahudi dari Antiokhia. (ITB)
Acts 6:5 And the saying pleased the whole multitude: and they chose Stephen, a man full of faith and of the Holy Ghost, and Philip, and Prochorus, and Nicanor, and Timon, and Parmenas, and Nicolas a proselyte of Antioch: (KJV)

RECONCILIATION - PENDAMAIAN

Dalam Alkitab, arti istilah ini adalah keadaan didamaikan. Jadi, *reconciliation* berarti pendamaian.
In the Bible, the meaning of this term is the state of being reconciled. Reconcialtion in this case is the same as atonement.

Roma 5:10, 11 Memang, walaupun, ketika kita musuh Tuhan, kita didamaikan dengan Tuhan melalui kematian Putra-Nya, terlebih lagi, karena didamaikan, kita akan diselamatkan melalui kehidupan-Nya. 11 Dan bukan hanya begitu, tetapi kita juga bermegah dalam Tuhan melalui Junjungan kita, Yesus Kristus, yang melalui Dia kita sudah menerima pendamaian. (TISA)
Romans 5:10, 11 For if, when we were enemies, we were reconciled to God by the death of his Son, much more, being reconciled, we shall be saved by his life. 11 And not only so, but we also joy in God through our Lord Jesus Christ, by whom we have now received the atonement. (KJV)

2 Korintus 5:18-20 Dan segala sesuatu berasal dari Tuhan, yang mendamaikan kita dengan diri-Nya melalui Yesus Kristus, dan yang telah mengaruniakan pelayanan pendamaian itu kepada kami; 19 yaitu, Tuhan bersama dengan Kristus mendamaikan dunia dengan diri-Nya, dengan tidak memperhitungkan pelanggaran mereka kepada mereka; dan telah memberikan firman

pendamaian itu kepada kami. 20 Jadi kami adalah duta-duta untuk Kristus, seperti kalian dimohon oleh Tuhan melalui kami: kami memohonkan kalian demi Kristus, supaya kalian didamaikan dengan Tuhan. (TISA)
2 Corinthians 5:18-20 And all things are of God, who hath reconciled us to himself by Jesus Christ, and hath given to us the ministry of reconciliation; 19 To wit, that God was in Christ, reconciling the world unto himself, not imputing their trespasses unto them; and hath committed unto us the word of reconciliation. 20 Now then we are ambassadors for Christ, as though God did beseech you by us: we pray you in Christ's stead, be ye reconciled to God. (KJV)

REDEMPTION - PENEBUSAN

Dalam teologi, kebaikan Tuhan kepada orang yang berbuat dosa telah dibeli dan dibayar lunas oleh Yesus Kristus melalui penderitaan dan kematian-Nya. Tebusan dari hukuman melawan hukum Tuhan melalui pendamaian yang dilaksanakan oleh Yesus Kristus.
In theology, God's goodness towards the sinner was purchased and paid for by Jesus Christ through His suffering and death. Ransom from punishment against God's law through the atonement made by Jesus Christ.

Efesus 1:7 Sebab di dalam Dia dan oleh darah-Nya kita beroleh penebusan, yaitu pengampunan dosa, menurut kekayaan kasih karunia-Nya, (ITB)
Ephesians 1:7 In whom we have redemption through his blood, the forgiveness of sins, according to the riches of his grace; (KJV)

Roma 3:23, 24 memang semua orang sudah berdosa, dan kekurangan kemuliaan Tuhan; 24 dan diadilkan dengan cuma-cuma oleh anugerah-Nya, melalui penebusan yang ada dalam Yesus Kristus: (TISA)

Romans 3:23, 24 For all have sinned, and come short of the glory of God; 24 Being justified freely by his grace through the redemption that is in Christ Jesus: (KJV)

Roma 8:22, 23 Memang kita tahu bahwa seluruh ciptaan mengerang dan menderita sakit bersama-sama sampai sekarang. 23 Dan bukan hanya mereka, tetapi kita sendiri juga, yang memunyai buah sulung dari Roh, bahkan diri kita sendiri mengerang dalam batin, menantikan adopsi, yaitu, penebusan tubuh kita. (TISA) Romans 8:22, 23 For we know that the whole creation groaneth and travaileth in pain together until now. 23 And not only they, but ourselves also, which have the firstfruits of the Spirit, even we ourselves groan within ourselves, waiting for the adoption, to wit, the redemption of our body. (KJV)

Kolosi 1:14 di dalam Dia kita memiliki penebusan melalui darah-Nya, yaitu penghapusan dosa. (KSILT) Colossians 1:14 In whom we have redemption through his blood, even the forgiveness of sins: (KJV)

Catatan: Lihat juga: Efesus 1:7; 1 Korintus 6:20, 7:23; Lukas 1:68; Matius 20:28; Galatia 3:13; 4:4, 5; Kisah Para Rasul 20:28; Ibrani 9:12; 1 Petrus 1:19; Wahyu 5:9. Note: See also: Ephesians 1:7; 1 Corinthians 6:20, 7:23; Luke 1:68; Matthew 20:28; Galatians 3:13; 4:4, 5; Acts 20:28; Hebrews 9:12; 1 Peter 1:19; Revelation 5:9.

REMISSION - REMISI, PENGAMPUNAN

Remisi adalah penangguhan hukuman atas dosa seseorang, dan, pada akhirnya, pengampunan atas dosa. Remission means a reprieve from punishment for one's sins, and, ultimately, the forgiveness of one's sins.

Roma 3:25 yang telah dikedepankan oleh Tuhan untuk menjadi pemadam kemurkaan yang mendamaikan melalui iman dalam darah-Nya, untuk menunjukkan kemahaadilan-Nya untuk pengampunan atas dosa yang telah terjadi sebelumnya, melalui penahanan diri Tuhan; (TISA)
Romans 3:25 Whom God hath set forth to be a propitiation through faith in his blood, to declare his righteousness for the remission of sins that are past, through the forbearance of God; (KJV)

Matius 26:28 Sebab inilah darah-Ku, darah perjanjian [yang baru], yang ditumpahkan bagi banyak orang untuk pengampunan dosa. (ITB)
Matthew 26:28 For this is my blood of the new testament, which is shed for many for the remission of sins. (KJV)

Ibrani 9:22 Dan hampir segala sesuatu disucikan menurut hukum Taurat dengan darah, dan tanpa penumpahan darah tidak ada pengampunan. (ITB)
Hebrews 9:22 And almost all things are by the law purged with blood; and without shedding of blood is no remission. (KJV)

REPENTANCE - PERTOBATAN

Pertobatan menurut Alkitab terdiri atas kesadaran akan dosa, pemahaman akan belas kasih Tuhan dalam Yesus Kristus, kebencian terhadap dosa dan berbalik kepada Tuhan, dan perasaan untuk berusaha terus menerus hidup sesuai dengan kehendak Tuhan. Orang yang sungguh bertobat sadar akan kehidupannya yang dalam dosa, dan sadar bahwa tidak ada harapan di dunia. Jadi, seseorang yang bertobat sudah paham bahwa keadaannya sama dengan yang dinyatakan Tuhan dalam Alkitab (Mazmur 51:6, 7, 9, 11, 12, 13; 109:21, 22; 119:128; Ayub 42:5, 6; 2 Korintus 7:10).

Repentance according to the Bible consists of an awareness of one's own guilt and sin, an understanding of God's mercy in Jesus Christ, hatred of sin and turning to God, and a feeling of desiring to live according to God's will. The truly repentant person is aware of his life of sin, and realizes that there is no hope in the world. So, someone who repents already understands that his situation is the same as that stated by God in the Bible (Psalm 51:4, 5, 7, 9, 10, 11; 109:21, 22; 119:128; Job 42:5, 6; 2 Corinthians 7:10).

Ada tiga kata Yunani yang digunakan dalam Perjanjian Baru untuk menyatakan pertobatan.
(1) "Metamelomai,G3338" kata kerja yang digunakan untuk maksud perubahan pikiran, seperti penyesalan, walaupun mungkin tidak ada perubahan hati. Kata ini digunakan untuk merujuk pada pertobatan Yudas (Matius 27:3).
(2) "Metanoeo,G3340" kata kerja yang artinya mengubah pikiran dan tujuan sebagai hasil dari pengetahuan barunya, dan pasti ada perubahan hati tentang Tuhan (Markus 1:15).
(3) "Metanoia,G3341" kata benda yang digunakan untuk menyatakan pertobatan yang benar, yaitu perubahan pikiran, tujuan, hati, dan kehidupan, yang mendatangkan pengampunan atas dosa (Markus 1:4).
There are three Greek words used in the New Testament to denote repentance.
(1) The verb metamelomai is used of a change of mind, such as to produce regret or even remorse on account of sin, but not necessarily a change of heart. This word is used with reference to the repentance of Judas (Matt. 27:3).
(2) Metanoeo, meaning to change one's mind and purpose, as the result of after knowledge (Mark 1:15).
(3) This verb, with the cognate noun metanoia, is used of true repentance, a change of mind and purpose and life, to which remission of sin is promised (Mark 1:4).

Lukas 15:7 Aku berkata kepadamu: Demikian juga akan ada sukacita di sorga karena satu orang berdosa yang

bertobat, lebih dari pada sukacita karena sembilan puluh sembilan orang benar yang tidak memerlukan pertobatan. (ITB)
Luke 15:7 I say unto you, that likewise joy shall be in heaven over one sinner that repenteth, more than over ninety and nine just persons, which need no repentance. (KJV)

Lukas 24:46, 47 Kata-Nya kepada mereka: "Ada tertulis demikian: Mesias harus menderita dan bangkit dari antara orang mati pada hari yang ketiga, 47 dan lagi: dalam nama-Nya berita tentang pertobatan dan pengampunan dosa harus disampaikan kepada segala bangsa, mulai dari Yerusalem. (ITB)
Luke 24:46, 47 And said unto them, Thus it is written, and thus it behoved Christ to suffer, and to rise from the dead the third day: 47 And that repentance and remission of sins should be preached in his name among all nations, beginning at Jerusalem. (KJV)

Roma 2:4 Atau apakah engkau memandang rendah kebaikan-Nya yang berlimpah dan pengekangan diri-Nya dan kesabaran-Nya; dan apakah engkau tidak tahu bahwa kebaikan Tuhan menuntun engkau ke pertobatan? (TISA)
Romans 2:4 Or despisest thou the riches of his goodness and forbearance and longsuffering; not knowing that the goodness of God leadeth thee to repentance? (KJV)

2 Korintus 7:9, 10 Sekarang aku bersukacita, bukan karena kalian disedihkan, melainkan karena kalian bersedih sampai pertobatan: memang kalian disedihkan secara ilahi, supaya kalian tidak dirugikan oleh kami dalam hal apapun. 10 Memang kesedihan ilahi menghasilkan pertobatan untuk keselamatan yang tidak akan disesalkan: tetapi kesedihan duniawi menghasilkan kematian. (TISA)

2 Corinthians 7:9, 10 Now I rejoice, not that ye were made sorry, but that ye sorrowed to repentance: for ye were made sorry after a godly manner, that ye might receive damage by us in nothing. 10 For godly sorrow worketh repentance to salvation not to be repented of: but the sorrow of the world worketh death. (KJV)

RIGHTEOUSNESS AND JUSTIFICATION – KEADILAN, KEMAHAADILAN, PEMBENARAN

Keadilan, kemahaadilan, pembenaran, dan "Righteousness" adalah apa yang bertahan dalam ujian penghakiman Tuhan. Tuhan sendiri adalah standar orang percaya. Jadi, hanya keadilan Tuhan adalah apa yang memenuhi standar Tuhan dan kejujuran Tuhan.
Righteousness is that which stands the test of God's judgment. God Himself is the standard of the believer. So, only the righteousness of God is that which meets God's standard and uprightness.

Ketika seseorang menerima kenyataan bahwa Tuhan memiliki otoritas atas setiap aspek kehidupannya, maka dia memahami siapa Tuhan yang sejati itu. Orang itu bisa disebut orang percaya. Kemudian, melalui pertobatan dan iman, orang percaya itu bisa menerima Yesus Kristus sebagai Juruselamat. Ketika orang percaya sudah menerima Yesus Kristus sebagai juruselamat melalui pertobatan dan iman, dia mengalami kelahiran baru di dalam dirinya. Karya itu adalah karya Roh Kudus. Karya Roh Kusus itu juga disebut karunia keselamatan.
When a person accepts the fact that God has authority over every aspect of his life, then he understands who the true God is. That person can be called a believer. Then, through repentance and faith, the believer can receive Jesus Christ as Savior. When a believer accepts Jesus Christ as his saviour through repentance and faith, he experiences the new birth within himself. This is the

work of the Holy Spirit. This work is also called the gift of salvation.

Bagian dari karunia keselamatan dari Tuhan kepada orang percaya adalah pembenaran orang percaya itu dalam pandangan Tuhan. Kemahaadilan Tuhan yang diperhitungkan kepada orang percaya adalah bagian paling dasar dari proses pembenaran orang percaya.
Part of God's gift of salvation to believers is the justification of that believer in God's sight. The imputation of God's righteousness to the believer is the essential part of the process of justification of the believer.

Karunia kemahaadilan Tuhan yang diperhitungkan kepada orang percaya terjadi melalui pengakuannya akan Tuhan yang sejati dan penerimaannya akan Tuhan yang sejati. Keadilan Tuhan bertentangan dengan keadilan yang berdasarkan pada hukum manusia. Manusia lebih suka membuat standar dan keadilannya sendiri melalui seperangkat hukum, tetapi keadilan itu bukanlah keadilan yang sejati dan tidak memuaskan Tuhan.
The gift of God's righteousness which is imputed to a believer occurs through the believer's acknowledgment of the true God and his acceptance of the true God. God's righteousness is contrary to righteousness based on man's law. Man prefers to establish his own standards and righteousness through a set of laws, but this righteousness is not true righteousness and does not satisfy God.

Lihat ayat-ayat di bawah ini untuk informasi lebih lanjut tentang keadilan, kemahaadilan, dan pembenaran.
See the verses below for more information about righteousness and justification.

Ephesians 5:9 karena terang hanya berbuahkan kebaikan dan keadilan dan kebenaran, (ITB)
Ephesians 5:9 (For the fruit of the Spirit is in all goodness and righteousness and truth;) (KJV)

Ephesians 6:14 Jadi berdirilah tegap, berikatpinggangkan kebenaran dan berbajuzirahkan keadilan, (ITB)
Ephesians 6:14 Stand therefore, having your loins girt about with truth, and having on the breastplate of righteousness; (KJV)

Roma 5:18 Oleh karena itu, sama seperti melalui kesalahan satu orang, penghakiman datang ke semua orang untuk vonis hukuman; demikian pula melalui kemahaadilan satu orang, karunia datang ke semua orang untuk menunjukkan kehidupan adil dan jujur. (TISA)
Romans 5:18 Therefore as by the offence of one judgment came upon all men to condemnation; even so by the righteousness of one the free gift came upon all men unto justification of life. (KJV)

Roma 3:20-30 Oleh karena itu tidak ada seorangpun yang diadilkan berdasarkan perbuatan hukum Taurat di hadapan Dia: memang melalui hukum Taurat ada pengetahuan tentang dosa. 21 Akan tetapi sekarang tanpa hukum Taurat kemahaadilan Tuhan telah dinyatakan, dan telah disaksikan melalui hukum Taurat dan para nabi; 22 yaitu kemahaadilan Tuhan yang ada melalui iman dalam Yesus Kristus untuk semua orang dan atas semua orang yang percaya: memang tidak ada perbedaan: 23 memang semua orang sudah berdosa, dan kekurangan kemuliaan Tuhan; 24 dengan diadilkan dengan cuma-cuma oleh anugerah-Nya, melalui penebusan yang ada dalam Yesus Kristus: 25 yang telah dikedepankan oleh Tuhan untuk menjadi pemadam kemurkaan yang mendamaikan melalui iman dalam darah-Nya, untuk menunjukkan kemahaadilan-Nya untuk penangguhan hukuman atas dosa yang terjadi

pada zaman dulu, melalui penahanan diri Tuhan; 26 untuk menunjukkan kemahaadilan-Nya pada masa sekarang: supaya Dia mahaadil, dan supaya Dia yang mengadilkan orang yang beriman kepada Yesus. 27 Jadi, di mana kemegahan? Tidak seorangpun bisa bermegah. Melalui hukum yang mana? Yang dari perbuatan? Tidak: melainkan melalui hukum dari iman. 28 Jadi, kami menganggap bahwa manusia diadilkan melalui iman tanpa perbuatan hukum Taurat. 29 Apakah Dia Tuhan untuk bangsa Yahudi saja atau juga untuk bangsa-bangsa bukan Yahudi? Iya, Dia adalah Tuhan untuk bangsa-bangsa bukan Yahudi juga: 30 karena memang itulah Tuhan yang satu-satunya yang akan mengadilkan baik orang-orang yang bersunat berdasarkan iman maupun orang-orang yang tidak bersunat melalui iman. (TISA)

Romans 3:20-30 Therefore by the deeds of the law there shall no flesh be justified in his sight: for by the law is the knowledge of sin. 21 But now the righteousness of God without the law is manifested, being witnessed by the law and the prophets; 22 Even the righteousness of God which is by faith of Jesus Christ unto all and upon all them that believe: for there is no difference: 23 For all have sinned, and come short of the glory of God; 24 Being justified freely by his grace through the redemption that is in Christ Jesus: 25 Whom God hath set forth to be a propitiation through faith in his blood, to declare his righteousness for the remission of sins that are past, through the forbearance of God; 26 To declare, I say, at this time his righteousness: that he might be just, and the justifier of him which believeth in Jesus. 27 Where is boasting then? It is excluded. By what law? of works? Nay: but by the law of faith. 28 Therefore we conclude that a man is justified by faith without the deeds of the law. 29 Is he the God of the Jews only? is he not also of the Gentiles? Yes, of the Gentiles also: 30 Seeing it is one

God, which shall justify the circumcision by faith, and uncircumcision through faith. (KJV)

Roma 4:2-8 Memang kalau Abraham diadilkan melalui perbuatan, maka dia memunyai alasan untuk bermegah; tetapi tidak di hadapan Tuhan. 3 Apa yang dikatakan dalam tulisan kudus? Abraham percaya kepada Tuhan, dan hal itu dianggap sebagai kemahaadilan untuk dia. 4 Nah, kepada orang yang bekerja, upahnya tidak dianggap sebagai anugerah, melainkan sebagai utang. 5 Akan tetapi kepada orang yang tidak bekerja, tetapi percaya kepada Dia yang mengadilkan orang fasik, imannya dianggap sebagai kemahaadilan. 6 Sama seperti Daud juga menceritakan keadaan terberkati seseorang yang kepadanya Tuhan memperhitungkan kemahaadilan tanpa perbuatan, 7 dengan berkata, Diberkatilah mereka yang pelanggaran-pelanggarannya ditiadakan, dan yang dosa-dosanya ditutupi. 8 Diberkatilah orang yang kepadanya Sang Junjungan tidak memperhitungkan dosa. (TISA)

Romans 4:2-8 For if Abraham were justified by works, he hath whereof to glory; but not before God. 3 For what saith the scripture? Abraham believed God, and it was counted unto him for righteousness. 4 Now to him that worketh is the reward not reckoned of grace, but of debt. 5 But to him that worketh not, but believeth on him that justifieth the ungodly, his faith is counted for righteousness. 6 Even as David also describeth the blessedness of the man, unto whom God imputeth righteousness without works, 7 Saying, Blessed are they whose iniquities are forgiven, and whose sins are covered. 8 Blessed is the man to whom the Lord will not impute sin. (KJV)

Roma 4:22-24 Dan sebagai hasil iman itu, kemahaadilan diperhitungkan kepada Abraham. 23 Nah, tidak ditulis demi dia saja bahwa kemahaadilan diperhitungkan

KAMUS DWIBAHASA ISTILAH TEOLOGIS BAHASA INGGRIS

kepada dia; 24 melainkan demi kita juga, yang kepadanya hal itu akan diperhitungkan, kalau kita percaya kepada Dia yang telah membangkitkan Yesus, Junjungan kita, dari antara orang mati (TISA)

Romans 4:22-24 And therefore it was imputed to him for righteousness. 23 Now it was not written for his sake alone, that it was imputed to him; 24 But for us also, to whom it shall be imputed, if we believe on him that raised up Jesus our Lord from the dead; (KJV)

Catatan: Lihat Juga: 2 Timotius 3:16, 2 Korintus 5:21, 2 Korintus 6:14-18.

Note: See also 2 Timothy 3:16, 2 Corinthians 5:21, 2 Corinthians 6:14-18.

SALVATION - KESELAMATAN

Artinya perlindungan atas seseorang dari kebinasaan, bahaya atau bencana besar. Dalam teologia, keselamatan adalah penebusan manusia dari perbudakan dosa dan kepastian akan kematian kekal serta memberikan kehidupan kekal dan kebahagiaan kekal.

The act of saving; preservation from destruction or danger. In theology, the redemption of man from the bondage of sin and eternal death, and the giving of everlasting life and happiness to him.

Kisah Para Rasul 4:12 Dan keselamatan tidak ada di dalam siapapun juga selain di dalam Dia [Yesus], sebab di bawah kolong langit ini tidak ada nama lain yang diberikan kepada manusia yang olehnya kita dapat diselamatkan. (ITB)

Acts 4:12 Neither is there salvation in any other: for there is none other name under heaven given among men, whereby we must be saved. (KJV)

Roma 1:16 Memang aku tidak malu akan Injil Kristus: memang Injil itu kuasa Tuhan untuk keselamatan semua orang yang percaya; pertama-tama untuk orang Yahudi, dan juga untuk orang yang bukan Yahudi. (TISA)
Romans 1:16 For I am not ashamed of the gospel of Christ: for it is the power of God unto salvation to every one that believeth; to the Jew first, and also to the Greek. (KJV)

Roma 10:10 Memang dengan hati seseorang percaya pada kemahaadilan; dan dengan mulut seseorang mengaku pada keselamatan. (TISA)
Romans 10:10 For with the heart man believeth unto righteousness; and with the mouth confession is made unto salvation. (KJV)

2 Timotius 3:15 Ingatlah juga bahwa dari kecil engkau sudah mengenal Kitab Suci yang dapat memberi hikmat kepadamu dan menuntun engkau kepada keselamatan oleh iman kepada Kristus Yesus. (ITB)
2 Timothy 3:15 And that from a child thou hast known the holy scriptures, which are able to make thee wise unto salvation through faith which is in Christ Jesus. (KJV)

SANCTIFICATION - PENGUDUSAN ATAU PENYUCIAN

Tindakan untuk menguduskan atau memisahkan sesuatu atau seseorang untuk tujuan kudus.
The act of consecrating or of setting apart for a sacred purpose; consecration. The act of making holy.

Yohanes 17:17 Sucikanlah mereka melalui kebenaran-Kau: firman-Kau itulah kebenaran. (TISA)
John 17:17 Sanctify them through thy truth: thy word is truth. (KJV)

Roma 15:15, 16 Namun, Saudara-saudara, dengan

berani aku menulis kepada kalian, sebagian untuk mengingatkan kalian, karena anugerah yang diberikan kepada aku oleh Tuhan, 16 bahwa aku telah menjadi pelayan Yesus Kristus untuk bangsa-bangsa bukan Yahudi, dengan memberitakan Injil Tuhan, supaya bangsa-bangsa bukan Yahudi menjadi persembahan yang diterima, karena mereka sudah disucikan oleh Roh Kudus: (TISA)

Romans 15:15, 16 Nevertheless, brethren, I have written the more boldly unto you in some sort, as putting you in mind, because of the grace that is given to me of God, 16 That I should be the minister of Jesus Christ to the Gentiles, ministering the gospel of God, that the offering up of the Gentiles might be acceptable, being sanctified by the Holy Ghost. (KJV)

Ibrani 13:12 Itu jugalah sebabnya Yesus telah menderita di luar pintu gerbang untuk menguduskan umat-Nya dengan darah-Nya sendiri. (ITB)

Hebrews 13:12 Wherefore Jesus also, that he might sanctify the people with his own blood, suffered without the gate. (KJV)

TOPIK: CHURCH - JEMAAT - EKKLESIA
(BAHASA YUNANI)

ABSOLUTION - PENGHAPUSAN DOSA

Absolution adalah ajaran sesat yaitu penghapusan dosa yang diberikan oleh imam Katolik yang biasanya disertai dengan hukuman. Hukuman ini disebut "Penance".

Absolution is a heresy, namely the remission of sins given by Catholic priests which is usually accompanied by punishment. This punishment is called "Penance" (as in the Catholic false doctrine of the sacrament of penance).

APOSTLE - RASUL

Rasul adalah kedua belas pria yang dipilih oleh Yesus Kristus untuk meletakkan dasar jemaat (Lukas 6:13-16; Efesus 2:20). Setelah Yudas mengkhianati Yesus Kristus dan gantung diri, jemaat memilih Matias, seorang pria, untuk menggantikan Yudas (Kisah Para Rasul 1:15-26), tetapi kemudian, kita menemukan bahwa Paulus yang dipilih langsung oleh Yesus Kristus untuk menjadi rasul yang kedua belas untuk menggantikan Yudas. Jadi, Matias tidak dianggap rasul oleh Yesus. Jadi, hanya ada 12 rasul (1 Korintus 15:7-9; 2 Korintus 12:11, 12; Galatia 1:1).

Apostles are the twelve men chosen by Jesus Christ to lay the foundation of the church (Luke 6:13-16; Ephesians 2:20). After Judas betrayed Jesus Christ and hanged himself, the church chose Matthias, a man, to replace Judas (Acts 1:15-26), but later, we find that Paul was directly chosen by Jesus Christ to be the twelfth apostle to replace Judas. So, Matthias was not considered an apostle by Jesus. So, there are only 12 apostles (1 Corinthians 15:7-9; 2 Corinthians 12:11, 12; Galatians 1:1).

Tanda-tanda Kedua Belas Rasul itu adalah: (1) Semua rasul itu dipilih sendiri oleh Yesus Kristus (Lukas 6:13-16; Galatia 1:1) (2) Hanya ada dua belas rasul, dan jabatan mereka, kecuali Yudas, tidak pernah digantikan oleh orang lain sesudah kematian mereka (Lukas 6:13-16; Kisah Para Rasul 1:15-26; Wahyu 21:14). Ketika Yudas bunuh diri setelah mengkhianati Yesus, jemaat memilih penggantinya, supaya jumlahnya menjadi dua belas lagi. Akan tetapi, untuk menjadi rasul, orang itu harus dipilih langsung oleh Yesus. Kemudian Paulus dipanggil oleh Yesus untuk menjadi rasul-Nya (1 Korintus. 15:7-9), dan mungkin saja pada saat itulah masalah penggantian Yudas diselesaikan dari sudut pandang Tuhan sampai selama-lamanya (3) Semua rasul telah menyaksikan bahwa Yesus Kristus telah bangkit (Kisah Para Rasul 1:22; 1 Korintus 9:1; 15:7-9) (4) Injil yang diberitakan para rasul diterima langsung dari Tuhan Yesus bukan dari manusia (Galatia 1:11, 12) (5) Semua rasul punya tanda-tanda khusus untuk mengesahkan bahwa ajaran mereka dari Tuhan (2 Korintus 12:12; Kisah Para Rasul 2:43; 4:33; 5:12). Mereka juga bisa menyampaikan karunia rohani dari Tuhan kepada orang lain (Kisah Para Rasul 8:17-19; 2 Timotius 1:6) (6) Semua rasul memiliki otoritas yang sama dengan nabi yang diceritakan dalam Perjanjian Lama (2 Petrus 3:2) (7) Rasul menulis tulisan kudus (2 Petrus 3:15, 16) (8) Semua rasul hidup sezaman dengan Yesus.

The signs of the Twelve Apostles are: (1) All the apostles were handpicked by Jesus Christ (Luke 6:13-16; Galatians 1:1) (2) There were only twelve apostles, and their office, with the exception of Judas, was never replaced by another after their death (Luke 6:13-16; Acts 1:15-26; Revelation 21:14). When Judas committed suicide after betraying Jesus, the church chose a successor, bringing the number to twelve once more. However, to become an apostle, that person must be directly chosen by Jesus. Then later, Paul was called by Jesus to be His apostle (1 Corinthians 15:7-9), and it may be that at that time that the issue of replacing Judas was resolved from God's point of view forever (3) All the apostles had witnessed that Jesus Christ had risen (Acts 1:22; 1 Corinthians 9:1; 15:7-9) (4) The gospel preached by the apostles was received directly from the Lord Jesus, not from men (Galatians 1:11, 12) (5) All the apostles had special signs to validate that their teachings were from God (2 Corinthians 12:12; Acts 2:43; 4:33; 5:12). They can also pass on spiritual gifts from God to others (Acts 8:17-19; 2 Timothy 1:6) (6) All the apostles had the same authority as the prophets described in the Old Testament (2 Pet. 3:2) (7) Apostles wrote scripture (2 Peter 3:15, 16) (8) All the apostles were contemporary with Jesus.[1]

Apakah masa kini masih ada rasul? Di bawah ini adalah alasan bahwa pada masa kini tidak ada Rasul lagi seperti kedua belas rasul yang dipilih oleh Yesus Kristus pada masa jemaat mula-mula: (1) Tidak ada orang pada masa kini yang memenuhi syarat untuk menjadi rasul seperti itu. Kita telah melihat syarat-syaratnya dalam Alkitab, dan tidak ada satu orang Kristen pun pada masa kini yang bisa memenuhi semua syarat itu (2) Hanya ada dua belas rasul, dan tidak akan pernah ada lagi sampai selamanya (Wahyu 21:14) (3) Rasul pertama dipanggil untuk meletakkan dasar jemaat (Efesus 2:20). Dasar itu telah diletakkan dengan kokoh, dan orang-orang itu yang memunyai kewenangan khusus, panggilan, dan pemberian tanda kepada mereka, telah berlalu (4) Perjanjian Baru tidak memerintahkan jemaat untuk memilih dan menahbiskan rasul - hanya gembala jemaat dan diaken (1 Timotius 3; Titus 1).

Are there still apostles today? Here are the reasons that today there are no more Apostles like the twelve apostles chosen by Jesus Christ in the early church: (1) No one today is qualified to be such an apostle. We've looked at the requirements in the Bible, and not a single Christian today can meet all of them (2) There are only twelve apostles, and there will be no more forever (Revelation 21:14) (3) The first apostles were called to lay the foundation of the

---

[1] David W. Cloud, The Way of Life Encyclopedia of the Bible & Christianity (Computer CD Version 3.5), P.O. Box 610368, Port Huron, Michigan 48061-0368, Way of Life Literature, Copyright 1993, 2000.

church (Ephesians 2:20). The foundation has been firmly laid, and those men who had special authority, calling, and sign gifts, have passed away (4) The New Testament does not command the church to choose and ordain apostles - only pastors and deacons (1 Timothy 3; Titus 1).[2]

AUTONOMOUS - (SELF DETERMINIATION) - OTONOM

(1) Setiap jemaat bebas mengatur urusannya sendiri dan tidak bergantung pada pihak yang lain.
(1) Each congregation is free to manage its own affairs and does not depend on other parties.

(2) Setiap jemaat adalah lembaga yang otonom yang memunyai standar moral sendiri yang berdasarkan Alkitab. Setiap jemaat mengurus rumah tangganya sendiri, khususnya yang berkaitan dengan urusan dalam. Bebas dari pengaruh luar dan memunyai hak untuk membuat keputusan-keputusan moral dan mulai bertindak berdasarkan pada keputusan-keputusan itu. Dengan kata lain lembaga yang otonom, bebas menentukan tindakan dan perilaku sendiri yang berdasarkan Alkitab.
(2) Each congregation is an autonomous institution with its own Biblical moral standards. Each congregation takes care of its own household, especially with regard to internal affairs. Each congregation is free from outside influences and has the right to make moral decisions and to act on them. In other words, an autonomous institution, free to determine its own actions and behavior based on the Bible.

Dikutip dari kata Jemaat: Pelajaran Tentang Jemaat Dari Wahyu Pasal 1-3:
Quoted from the word Church: Lessons About The Church From

---

[2] David W. Cloud, The Way of Life Encyclopedia of the Bible & Christianity (Computer CD Version 3.5), P.O. Box 610368, Port Huron, Michigan 48061-0368, Way of Life Literature, Copyright 1993, 2000.

Revelation 1-3:

(1) Setiap jemaat harus mandiri dan otonom. Kitab Wahyu ditujukan kepada jemaat-jemaat di Asia, bukan satu jemaat saja. Setiap jemaat mendapat pesan tersendiri dari Yesus Kristus. Tidak ada rujukan dalam Kitab Wahyu tentang pendirian jemaat gabungan. Setiap Jemaat dinyatakan dan dihormati oleh Yesus sebagai organisasi yang mandiri dan berhak mengatur rumahtangganya sendiri.
(1) Each congregation must be independent and autonomous. The book of Revelation is addressed to the churches in Asia, not just one church. Each congregation gets its own message from Jesus Christ. There is no reference in the Book of Revelation to the founding of a combined church. Each congregation is declared and respected by Jesus as an independent organization and has the right to manage its own household.

(2) Setiap jemaat adalah kaki dian tersendiri. Menurut Kitab Wahyu bukan hanya satu kaki dian di Asia tetapi ada tujuh kaki dian yang tersendiri. Setiap jemaat ditugasi untuk melaksanakan Amanat Agung dan punya hak untuk melaksanakannya, yaitu mengabarkan Injil, memuridkan, membaptis, menahbiskan, dan mengutus utusan Injil.
(2) Each church is a separate lampstand. According to the Book of Revelation there is not only one lampstand in Asia but seven separate lampstands. Each congregation is assigned to carry out the Great Commission and has the right to carry it out, namely preaching the gospel, making disciples, baptizing, ordaining, and sending missionaries.

Catatan: Lihat Kisah Para Rasul 13:1-4; 1 Tesolonika 1:7, 8; Filipi 2:15, 16.
Note: See Acts 13:1-4; 1 Thessalonians. 1:7, 8; Philippians 2:15, 16.

Kisah Para Rasul 13:1-4 Pada waktu itu dalam jemaat di

Antiokhia ada beberapa nabi dan pengajar, yaitu: Barnabas dan Simeon yang disebut Niger, dan Lukius orang Kirene, dan Menahem yang diasuh bersama dengan raja wilayah Herodes, dan Saulus. 2 Pada suatu hari ketika mereka beribadah kepada Tuhan dan berpuasa, berkatalah Roh Kudus: "Khususkanlah Barnabas dan Saulus bagi-Ku untuk tugas yang telah Kutentukan bagi mereka. 3 Maka berpuasa dan berdoalah mereka, dan setelah meletakkan tangan ke atas kedua orang itu, mereka membiarkan keduanya pergi. 4 Oleh karena disuruh Roh Kudus, Barnabas dan Saulus berangkat ke Seleukia, dan dari situ mereka berlayar ke Siprus. (ITB)

Acts 13:1-4 Now there were in the church that was at Antioch certain prophets and teachers; as Barnabas, and Simeon that was called Niger, and Lucius of Cyrene, and Manaen, which had been brought up with Herod the tetrarch, and Saul. 2 As they ministered to the Lord, and fasted, the Holy Ghost said, Separate me Barnabas and Saul for the work whereunto I have called them. 3 And when they had fasted and prayed, and laid their hands on them, they sent them away. 4 So they, being sent forth by the Holy Ghost, departed unto Seleucia; and from thence they sailed to Cyprus. (KJV)

BAPTISM - BAPTISAN

Baptisan orang-orang percaya, menurut Alkitab, harus memenuhi syarat-syarat sebagai berikut:
(a) Calon - harus sudah mengalami kelahiran baru.
(b) Cara - harus diselam di dalam air.
(c) Tujuan - melambangkan kematian, penguburan, dan kebangkitan orang percaya itu bersama Yesus untuk kehidupan baru di dalam Yesus Kristus, dan sebagai syarat menjadi anggota jemaat lokal.
(d) Pelaksana - jemaat lokal Perjanjian Baru.

The baptism of believers, according to the Bible, must meet the following conditions:
(a) Candidate - must have experienced a new birth.
(b) Method - must be submerged in water.
(c) Purpose - symbolizes the believer's death, burial, and resurrection with Jesus to new life in Jesus Christ, and as a condition to become a member of a local church according to New Testament teachings.
(d) Executor - the local New Testament church.

Baptisan yang sesuai dengan Alkitab dimulai oleh Yohanes Pembaptis. Baptisan Yohanes adalah baptisan Perjanjian Baru. Tuhan Yesus menerima baptisan ini dan Dia sendiri dibaptis oleh Yohanes seperti itu. Dan Yesus menerima orang-orang yang dibaptis oleh Yohanes ke dalam jemaat yang didirikan Yesus selama pelayanan pribadi-Nya.
Biblical baptism was initiated by John the Baptist. John's baptism is the baptism of the New Testament. The Lord Jesus received this baptism and He Himself was baptized by John. Jesus accepted those who were baptized by John into the church that Jesus had established during His personal ministry.

Tidak ada kuasa yang bisa menyelamatkan orang dalam Baptisan dan Perjamuan Tuhan juga (Matius 3:13-17; 26:17-30; 28:19, 20; Kisah Para Rasul 8:36-39; Roma 6:3-5; I Korintus 11:23-34).
There is no power that can save people in Baptism or in the Lord's Supper (Matthew 3:13-17; 26:17-30; 28:19, 20; Acts 8:36-39; Romans 6:3-5; I Corinthians 11:23-34).

Roma 6:3-6 Atau tidakkah kalian tahu, bahwa sebanyak orang yang sudah dibaptis ke dalam Yesus Kristus sudah dibaptis ke dalam kematian-Nya? 4 Jadi kita dikuburkan bersama dengan Dia ke dalam kematian melalui baptisan: supaya sama seperti Yesus Kristus yang sudah dibangkitkan dari antara orang mati melalui

kemuliaan Sang Bapa, demikian pula kita bisa berjalan dalam pembaruan kehidupan. 5 Memang kalau kita sudah diikutsertakan mirip dengan kematian-Nya, kita juga akan diikutsertakan mirip dengan kebangkitan-Nya: 6 dengan mengetahui hal ini, bahwa manusia lama kita disalib beserta Dia, supaya tubuh dosa kita bisa dimusnahkan, sehingga kita tidak lagi menghamba pada dosa. (TISA)

Romans 6:3-6 Know ye not, that so many of us as were baptized into Jesus Christ were baptized into his death? 4 Therefore we are buried with him by baptism into death: that like as Christ was raised up from the dead by the glory of the Father, even so we also should walk in newness of life. 5 For if we have been planted together in the likeness of his death, we shall be also in the likeness of his resurrection: 6 Knowing this, that our old man is crucified with him, that the body of sin might be destroyed, that henceforth we should not serve sin. (KJV)

BAPTIST - BAPTIS

Baptis adalah nama bermacam-macam kelompok Kristen yang meyakini bahwa Alkitab adalah satu-satunya standar iman dan standar perbuatan. Kelompok Kristen Baptis berpegang teguh pada ajaran yang berdasarkan pada Alkitab saja, bukan ajaran dari tradisi dan dari sumber-sumber lain, dan bukan dari reformasi protestan tetapi dari Yesus Kristus dan jemaat-jemaat yang dimulai oleh para rasul. Kata Baptis berasal dari kata Anabaptis, kelompok orang yang tidak setuju dengan ajaran baptisan bayi karena baptisan hanya untuk orang yang bisa bersaksi tentang keselamatannya.

Baptist is the name of various Christian groups who believe that the Bible is the only standard of faith and practice. Baptist Christians adhere to teachings based on the Bible alone, not teachings from tradition or from other sources, and not from the Protestant Reformation but from Jesus Christ and the churches started by the apostles. The word Baptist comes from the word Anabaptist, a group of people who do not agree with the teaching of infant baptism because baptism is only for those who can testify to their salvation.

BIBLICAL INERRANCY - KESEMPURNAAN ALKITAB

"Biblical Inerrancy" yang diterjemahkan sebagai 'kesempurnaan Alkitab' artinya Alkitab itu tanpa kesalahan, kekeliruan, and penyimpangan. Alkitab memang diilhamkan Tuhan dan dipelihara Tuhan dan tidak ada kesalahan, tidak ada kekeliruan, dan tidak ada penyimpangan sama sekali.
Inerrancy means without error, mistake or deviation. The Holy Bible, God inspired and God preserved, is totally without error, mistake or deviation.

2 Timotius 3:16 Semua tulisan kudus diilhami Tuhan dan bermanfaat untuk ajaran, untuk teguran, untuk perbaikan, untuk pendidikan dalam kemahaadilan: (TISA)
2 Timothy 3:16 All scripture is given by inspiration of God, and is profitable for doctrine, for reproof, for correction, for instruction in righteousness: (KJV)

CHARISMATIC OR PENTECOSTAL - KARISMATIK ATAU PENTAKOSTA

Orang Karismatik atau Pentakosta adalah orang Kristen pada masa kini yang merasa dan mengklaim menerima karunia rohani seperti yang diberikan kepada rasul dan orang Kristen pada abad pertama. Akan tetapi, karunia rohani itu hanya diberikan kepada rasul dan orang Kristen pada abad pertama saja. Jadi, hal ini tidak benar dan mustahil.
Charismatics or Pentecostals are Christians who feel, and claim to receive, spiritual gifts like those given to the apostles and Christians in the first century. However, these spiritual gifts were

only given to apostles and Christians in the first century. So, this is not true, and it is impossible.

Matius 10:1, 8 Yesus memanggil kedua belas murid-Nya dan memberi kuasa kepada mereka untuk mengusir roh-roh jahat dan untuk melenyapkan segala penyakit dan segala kelemahan. 8 Sembuhkanlah orang sakit; bangkitkanlah orang mati; tahirkanlah orang kusta; usirlah setan-setan. Kamu telah memperolehnya dengan cuma-cuma, karena itu berikanlah pula dengan cuma-cuma. (ITB)
Matthew 10:1, 8 And when he had called unto him his twelve disciples, he gave them power against unclean spirits, to cast them out, and to heal all manner of sickness and all manner of disease. 8 Heal the sick, cleanse the lepers, raise the dead, cast out devils: freely ye have received, freely give. (KJV)

1 Korintus 12:1 Dan mengenai *karunia-karunia* rohani, saudara-saudara, aku tidak ingin kalian kehilangan pengetahuan. (TISA)
1 Corinthians 12:1 Now concerning spiritual gifts, brethren, I would not have you ignorant. (KJV)

1 Korintus 12:4-11 Dan ada berbagai macam karunia, tetapi Rohnya sama. 5 Dan ada berbagai macam pelayanan, tetapi Sang Junjungan yang sama 6 Dan ada berbagai macam cara kerja, tetapi itulah Tuhan yang sama yang mengerjakan secara keseluruhan. 7 Akan tetapi kepada setiap orang dikaruniakan pernyataan Roh untuk keuntungan *kita*. 8 Memang ada seseorang yang diberikan karunia perkataan berhikmat oleh Roh, dan yang lain *diberikan karunia* perkataan pengetahuan oleh Roh yang sama; 9 dan kepada yang lain Roh yang sama memberikan iman, dan kepada yang lain Roh yang sama memberikan karunia-karunia untuk menyembuhkan. 10 Dan kepada yang lain kemampuan

untuk mengerjakan *mujizat,* dan kepada yang lain untuk bernubuat, dan kepada yang lain untuk membedakan berbagai macam roh dan kepada yang lain untuk berbicara berbagai macam bahasa, dan kepada yang lain untuk menafsirkan berbagai macam bahasa. 11 Akan tetapi Roh yang satu dan yang sama mengerjakan semua hal ini, dan membagikan kepada setiap orang secara individu, seperti yang dikehendaki-Nya. (TISA)

1 Corinthians 12:4-11 Now there are diversities of gifts, but the same Spirit. 5 And there are differences of administrations, but the same Lord. 6 And there are diversities of operations, but it is the same God which worketh all in all. 7 But the manifestation of the Spirit is given to every man to profit withal. 8 For to one is given by the Spirit the word of wisdom; to another the word of knowledge by the same Spirit; 9 To another faith by the same Spirit; to another the gifts of healing by the same Spirit; 10 To another the working of miracles; to another prophecy; to another discerning of spirits; to another divers kinds of tongues; to another the interpretation of tongues: 11 But all these worketh that one and the selfsame Spirit, dividing to every man severally as he will. (KJV)

Gerakan Karismatik atau Pentakosta berbeda dari gerakan Kristen yang lain karena kepercayaan mereka meneruskan karunia-karunia rohani yang hanya diberikan kepada rasul dan orang Kristen pada abad pertama. Istilah "Pentakosta" dimulai pada awal abad ke-20 dan berkaitan dengan keinginan beberapa orang Kristen untuk membangkitkan lagi mujizat-mujizat yang terjadi pada hari pentakosta dan yang dibuat oleh para rasul. Banyak denominasi yang muncul dari gerakan pentakosta itu. Gerakan Karismatik lebih baru dan berkaitan dengan karunia berbahasa roh dalam gerakan oikumene yang sudah tersebar ke banyak denominasi yang bukan pentakosta termasuk Gereja Katolik Roma.

The Charismatic or Pentecostal movement differs from other

Christian movements in that they believe in transmitting spiritual gifts that were only given to apostles and Christians in the first century. The term "Pentecost" dates back to the early 20th century and relates to the desire of some Christians to revive the miracles that occurred on Pentecost and were performed by the apostles. Many denominations emerged from the Pentecostal movement. The Charismatic Movement is newer and deals with the gift of tongues in the ecumenical movement which has spread to many non-pentecostal denominations including the Roman Catholic Church.

Dulu ada perbedaan yang sangat berarti di antara Pentakosta dan Karismatik, tetapi perbedaan itu dengan cepat menjadi kabur. Pada masa kini untuk praktisnya kedua istillah ini artinya sama.
In the past there were significant differences between the old-line Pentecostal and Charismatic, but the differences are rapidly being blurred. For all practical purposes, these terms can be used almost synonymously today.

Lihat juga: Matius 10:1, 8; Markus 16:17, 18; Lukas 10:1, 9, 17, 19; Kisah Para Rasul 2:4; 10:44-46; 19:6.
Note: See also: Matthew 10:1, 8; Mark 16:17, 18; Luke 10:1, 9, 17, 19; Acts 2:4; 10:44-46; 19:6.

- BERBAHASA ROH / BAHASA YANG TIDAK DIKENAL
- SPEAKING IN TONGUES

Kita sudah tahu dari Alkitab (1 Korintus 13:8-10) bahwa karunia "berbahasa roh" yaitu "bahasa yang tidak dikenal" sudah lenyap. Walaupun seandainya karunia berbahasa roh, yaitu bahasa yang tidak dikenal, masih ada pada masa kini, jemaat-jemaat yang mempraktekkan "karunia" itu, tidak mempraktekkannya sesuai dengan ajaran Alkitab. Lihat juga "Aturan untuk Menggunakan Bahasa Roh yaitu Bahasa Yang Tidak Dikenal" dibawah ini. Alkitab belum lengkap pada abad

pertama. Sekarang Alkitab sudah lengkap, komplit, dan sempurna. Jadi, yang sempurna sudah ada dan yang tidak sempurna (yaitu bahasa yang tidak dikenal) sudah lenyap.

We already know from the Bible (1 Corinthians 13:8-10) that the gift of "speaking in tongues" i.e. "an unknown tongue" has disappeared. Even if the gift of speaking in tongues, i.e. an unknown language, still exists today, the churches that practice this "gift," are not practicing it according to biblical teachings. See also "Rules for Using In tongues i.e. Unknown Languages" below. The Bible was incomplete in the first century. Now the Bible is complete and perfect. So, that which is perfect already exists and the imperfect (i.e. unknown language) has disappeared.

1 Korintus 13:8-10 Kasih tidak berkesudahan; nubuat akan berakhir; bahasa roh akan berhenti; pengetahuan akan lenyap. 9 Sebab pengetahuan kita tidak lengkap dan nubuat kita tidak sempurna. 10 Tetapi jika yang sempurna tiba, maka yang tidak sempurna itu akan lenyap. (ITB)

1 Corinthians 13:8-10 Charity never faileth: but whether there be prophecies, they shall fail; whether there be tongues, they shall cease; whether there be knowledge, it shall vanish away. 9 For we know in part, and we prophesy in part. 10 But when that which is perfect is come, then that which is in part shall be done away. (KJV)

Bahkan seandainya karunia rasuli yaitu berbicara dalam bahasa roh masih ada sampai sekarang, jemaat yang mempraktekkannya tidak mempraktekkannya sesuai dengan Alkitab. Lihat fakta-fakta di bawah ini.

Even if the apostolic gift of speaking in tongues were still in effect today, the churches that practice this "gift" do not do so according to scripture. See below.

Fakta Tentang Karunia "Bahasa Roh" Yaitu "Bahasa Yang Tidak Dikenal"

<u>Facts About the "Gift of Tongues"</u>

Kita tahu dari Alkitab bahwa orang yang berbicara dalam bahasa yang tidak dikenal tidak berbicara kepada manusia melainkan kepada Tuhan saja karena tidak ada yang bisa memahaminya (1 Korintus 14:2).
We know from the Bible that the person who speaks in an unknown language does not speak to men but rather unto God because no one can understand him (1 Corinthians 14:2).

Kita tahu dari Alkitab bahwa orang yang berbicara dalam bahasa yang tidak dikenal hanya menguntungkan dirinya sendiri dan orang lain tidak mendapat manfaat darinya (1 Korintus 14:4).
We know from the Bible that the person who speaks in an unknown language benefits himself only and others get no benefit from it (1 Corinthians 14:4).

Kita tahu dari Alkitab bahwa mengenai orang yang berbicara dalam bahasa yang tidak dikenal, lebih baik kalau dia berbicara dalam bahasa yang dimengerti oleh semua orang, kecuali orang yang berbicara langsung menerjemahkan apa yang dia katakan supaya orang lain bisa mengerti dan memperoleh manfaat (1 Korintus 14:5-9).
We know from the Bible that concerning the person who speaks in an unknown language that it is better to preach in a language everyone understands than it is to speak in an unknown tongue, unless the person speaking translates what he is saying to that others may benefit (1 Corinthians 14:5-9).

Kita tahu dari Alkitab bahwa orang yang berbicara dalam bahasa yang tidak dikenal sama dengan orang asing bagi semua yang lain karena bahasanya tidak bisa dimengerti 1 Korintus 14:11).
We know from the Bible that the person who speaks in an unknown language is the same as a foreigner to everyone else because his

language cannot be understood (1 Corinthians 14:11).

Kita tahu dari Alkitab bahwa orang yang berbicara dalam bahasa yang tidak dikenal membangun rohahninya sendiri tetapi tidak membangun pemahaman rohaninya dan pemahaman rohani orang yang mendengarnya. Kita tahu dari Alkitab bahwa lebih baik untuk setiap orang kalau kita berbicara, berdoa, bernyanyi, dan mengucap syukur dalam bahasa yang dimengerti supaya setiap orang bisa mendapatkan manfaat baik dalam roh maupun dalam pemahaman mereka. Hal itu bisa dilakukan dengan menggunakan bahasa yang dimengerti oleh semua orang (1 Korintus 14:14-17).

We know from the Bible that the person who speaks in an unknown language helps their own spirit but not their own understanding or the understanding of those who hear him. We know from the Bible that it is better for everyone that you speak, pray, sing, and give thanks, in a way that everyone can benefit in both their spirit and their understanding, which can be done by using a language everyone can understand (1 Corinthians 14:14-17).

Kita tahu dari Alkitab bahwa lebih baik mengucapkan lima kata yang bisa dimengerti daripada sepuluh ribu kata dalam bahasa yang tidak dikenal (1 Korintus 14:19).

We know from the Bible that it is better to speak five words that are understandable than ten thousand words in an unknown language (1 Corinthians 14:19).

Kita tahu dari Alkitab bahwa orang yang berbicara dalam bahasa yang tidak dikenal tidak menolong orang yang tidak percaya (1 Korintus 14:22).

We know from the Bible that the person who speaks in an unknown language does not help unbelievers by so doing (1 Corinthians 14:22).

Kita tahu dari Alkitab bahwa orang yang berbicara dalam

bahasa yang tidak dikenal seperti orang yang tidak waras bagi orang yang tidak percaya (1 Korintus 14:23).
We know from the Bible that the person who speaks in an unknown language appears to be insane to an unbeliever (1 Corinthians 14:23).

Aturan untuk menggunakan "Bahasa Roh" Yaitu "Bahasa Yang Tidak Dikenal"
Rules for using the "Gift of Tongues"

Kita tahu dari Alkitab bahwa tidak diizinkan kalau ada lebih dari tiga orang yang berbicara dalam bahasa yang tidak dikenal pada satu kebaktian atau pertemuan jemaat (1 Korintus 14:27).
We know from the Bible that there should never be more that two or three people who speak in an unknown language during any one church service (1 Corinthians 14:27).

Kita juga tahu dari Alkitab bahwa kalau ada orang yang berbicara dalam bahasa yang tidak dikenal dalam kebaktian atau pertemuan jemaat, mereka harus bergiliran, satu demi satu (1 Korintus 14:27).
We also know from the Bible that if there are people who speak in an unknown language in a church service, they must take turns (1 Corinthians 14:27).

Kita juga tahu dari Alkitab bahwa kalau ada orang yang berbicara dalam bahasa yang tidak dikenal dalam kebaktian atau pertemuan jemaat, maka harus ada penerjemahnya, karena kalau tidak ada, mereka sama sekali tidak diizinkan berbicara kepada jemaat. Kalau tidak ada penerjemah mereka hanya boleh berbicara kepada dirinya sendiri saja (1 Korintus 14:27, 28).
We also know from the Bible that if there are people who speak in an unknown language in a church service, that there must be an interpreter for their speech, because if there is no interpreter, they

are not permitted to speak at all to the congregation and they must speak to themselves only, in private (1 Corinthians 14:27, 28).

Kita tahu dari Alkitab bahwa wanita tidak diizinkan untuk berbicara dalam bahasa yang tidak dikenal dalam kebaktian atau pertemuan jemaat, karena wanita sama sekali tidak diizinkan untuk berbicara dalam kebaktian atau pertemuan jemaat (1 Korintus 14:34).
We know from the Bible that women are not permitted to speak in an unknown language in a church service, because they are not permitted to speak at all in a church service (1 Corinthians 14:34).

Kita tahu dari Alkitab bahwa semua fakta dan aturan tersebut di atas adalah perintah Tuhan (1 Korintus 14:37).
We know from the Bible that all of these facts and rules about people who speak in an unknown language in a church service are commandments of God (1 Corinthians 14:37).

1 Korintus 14:1-40 Kejarlah kasih dan inginilah *karunia-karunia* rohani, tetapi lebih baik kalian bernubuat. 2 Oleh karena siapa pun yang berbicara dalam bahasa *yang tidak dikenal* tidak berbicara kepada manusia, melainkan kepada Tuhan: memang tidak seorang pun mengerti; karena dalam roh dia berbicara tentang misteri. 3 Akan tetapi siapa pun yang bernubuat berbicara kepada manusia *untuk* pembangunan kerohanian, dorongan, dan penghiburan. 4 Siapa yang berbicara dalam bahasa *yang tidak dikenal* membangun kerohanian dirinya sendiri, tetapi siapa yang bernubuat membangun kerohanian jemaat. 5 Dan aku ingin kalian semua berbicara dalam bahasa-bahasa *yang tidak dikenal,* tetapi lebih baik kalian bernubuat: karena orang yang bernubuat lebih baik daripada orang yang berbicara dalam bahasa *yang tidak dikenal,* kecuali kalau orang itu menafsirkannya, sehingga jemaat menerima pembangunan kerohanian. 6 Dan sekarang, saudara-

saudara, kalau aku datang ke kalian dan berbicara dalam bahasa *yang tidak dikenal,* apa manfaatnya untuk kalian? Lebih baik kalau aku berbicara kepada kalian dengan menyampaikan pewahyuan atau pengetahuan atau nubuat atau ajaran. 7 Dan bahkan benda-benda yang tidak bernyawa yang menghasilkan bunyi, apakah seruling atau kecapi, kalau benda itu tidak menghasilkan bunyi yang jelas, bagaimana bisa diketahui apa yang ditiup atau apa yang dipetik? 8 Atau, kalau sangkakala menghasilkan bunyi yang tidak jelas, siapa akan menyiapkan diri untuk berperang? 9 Demikian juga kalian, kalau kalian tidak mengucapkan kata-kata dalam bahasa yang mudah dimengerti, bagaimana bisa diketahui apa yang kalian ucapkan? Memang kalian berbicara *tanpa tujuan,* kepada angin *saja.* 10 Boleh jadi ada amat banyak macam suara di dunia, dan tidak ada satu pun yang tidak bermakna. 11 Jadi kalau aku tidak mengetahui arti suara itu, aku menjadi orang asing untuk yang berbicara dan yang berbicara *menjadi* orang asing untuk aku. 12 Demikian pula kalian, karena kalian bersemangat akan *karunia-karunia* rohani, upayakan supaya kalian berkelimpahan untuk pembangunan kerohanian jemaat. 13 Oleh karena itu orang yang berbicara dalam bahasa *yang tidak dikenal,* seharusnya berdoa supaya dia bisa menafsirkannya. 14 Memang kalau aku berdoa dalam bahasa *yang tidak dikenal,* rohku yang berdoa, tetapi akal pikiranku tidak bermanfaat. 15 Jadi *harus* bagaimana? Aku akan berdoa dalam roh, dan aku akan berdoa juga dalam akal pikiran: aku akan bernyanyi dalam roh, dan aku akan bernyanyi juga dalam akal pikiran. 16 Kalau tidak, apabila engkau mengucap syukur dalam roh, bagaimana orang biasa, yang dalam keadaan tanpa pengetahuan, bisa mengatakan Amin atas pengucapan syukur engkau, karena dia tidak tahu apa yang engkau katakan? 17 Engkau memang mengucapkan syukur dengan baik, tetapi kerohanian orang lain tidak dibangun. 18 Aku mengucap syukur kepada Tuhanku, *dan* aku berbicara dalam bahasa *yang tidak dikenal* lebih dari kalian semua: 19 namun dalam jemaat aku lebih suka mengucapkan lima kata dengan akal pikiranku supaya dengan suaraku aku bisa mengajar orang lain, daripada *mengucapkan* sepuluh ribu kata dalam bahasa *yang tidak dikenal.* 20 Saudara-saudara, janganlah menjadi kanak-kanak dalam pengertian, melainkan, tentang kejahatan, jadilah seperti bayi, dan jadilah orang dewasa dalam pengertian. 21 Dalam hukum Taurat sudah tertulis, Dalam bahasa-bahasa lain dan dengan mulut *orang* yang lain, Aku akan berbicara kepada bangsa ini; dan walaupun demikian mereka tidak akan mendengarkan Aku, firman Sang Junjungan. 22 Jadi karunia bahasa-bahasa yang tidak dikenal adalah tanda, bukan untuk orang beriman, melainkan untuk orang yang tidak beriman: sebaliknya *karunia* untuk bernubuat adalah tanda bukan untuk orang yang tidak beriman, tetapi untuk orang yang beriman. 23 Jadi, kalau seluruh jemaat berkumpul bersama-sama dan semua orang berbicara dalam bahasa *yang tidak dikenal,* lalu masuklah orang-orang yang tanpa pengetahuan, atau yang tidak percaya, bukankah mereka berkata bahwa kalian gila? 24 Akan tetapi kalau semua orang bernubuat, lalu masuklah seseorang yang tidak percaya atau yang tanpa pengetahuan, maka dia ditegur oleh semua *orang,* dan ditanyai oleh semua *orang:* 25 dan dengan demikian hal-hal yang disembunyikan di dalam hatinya menjadi nyata; sehingga dia sujud tersungkur untuk menyembah Tuhan, dan mengakui bahwa Tuhan memang ada bersama dengan kalian. 26 Jadi, bagaimana saudara-saudara? Bilamana kalian berkumpul, setiap orang ada mazmur, *atau* ada pengajaran, *atau* ada bahasa yang tidak dikenal, *atau* ada pembeberan, *atau* ada tafsiran. Biarlah semuanya itu berlangsung untuk pembangunan kerohanian jemaat. 27 Kalau ada yang berbicara dalam bahasa *yang tidak dikenal, izinkanlah hal itu terjadi* dengan dua atau paling banyak tiga orang, setiap orang bergantian, dan seseorang menafsirkannya. 28 Akan tetapi kalau tidak ada penafsir, orang *yang ingin berbicara dalam bahasa yang tidak dikenal* harus berdiam diri dalam jemaat; dan izinkan dia berbicara kepada dirinya sendiri, dan kepada Tuhan. 29 Izinkanlah dua atau tiga orang yang dibimbing oleh Roh Kudus berbicara, yang lain mempertimbangkan-nya. 30 Akan tetapi kalau *ada sesuatu yang* dibeberkan kepada orang lain yang duduk di situ, seharusnya yang pertama berdiam diri. 31 Memang kalian semua boleh bernubuat satu demi satu, supaya semuanya bisa belajar dan semuanya bisa didorong. 32 Dan roh-roh para orang yang dibimbing oleh Roh Kudus, tunduk kepada orang-orang lain yang dibimbing oleh Roh Kudus, 33 Memang Tuhan bukan *sumber* kekacauan, melainkan kedamaian, sebagaimana yang ada dalam semua jemaat orang suci. 34 Seharusnya wanita-wanita kalian berdiam dalam jemaat: karena mereka tidak diizinkan untuk berbicara; melainkan mereka diperintahkan untuk tunduk, seperti yang dikatakan dalam hukum Taurat. 35 Dan kalau mereka ingin mempelajari sesuatu, mereka seharusnya menanyakannya kepada suami mereka di rumah: memang mencemarkan *jemaat* kalau wanita berbicara dalam jemaat. 36 Atau apakah firman Tuhan berasal dari kalian? Atau apakah *firman Tuhan* hanya datang ke kalian? 37 Kalau seseorang menganggap dirinya sebagai orang yang dibimbing oleh Roh Kudus, atau orang yang rohani, seharusnya dia mengakui bahwa hal-hal yang aku tuliskan kepada kalian adalah perintah Sang Junjungan. 38 Akan tetapi kalau seseorang tidak mengakuinya, janganlah dia diakui. 39 Oleh karena itu,

saudara-saudara, inginilah bernubuat, dan janganlah melarang untuk berbicara dalam bahasa *yang tidak dikenal.* 40 Biarkanlah segala sesuatu dilakukan dengan sopan dan teratur. (TISA)

1 Corinthians 14:1-40 Follow after charity, and desire spiritual gifts, but rather that ye may prophesy. 2 For he that speaketh in an unknown tongue speaketh not unto men, but unto God: for no man understandeth him; howbeit in the spirit he speaketh mysteries. 3 But he that prophesieth speaketh unto men to edification, and exhortation, and comfort. 4 He that speaketh in an unknown tongue edifieth himself; but he that prophesieth edifieth the church. 5 I would that ye all spake with tongues, but rather that ye prophesied: for greater is he that prophesieth than he that speaketh with tongues, except he interpret, that the church may receive edifying. 6 Now, brethren, if I come unto you speaking with tongues, what shall I profit you, except I shall speak to you either by revelation, or by knowledge, or by prophesying, or by doctrine? 7 And even things without life giving sound, whether pipe or harp, except they give a distinction in the sounds, how shall it be known what is piped or harped? 8 For if the trumpet give an uncertain sound, who shall prepare himself to the battle? 9 So likewise ye, except ye utter by the tongue words easy to be understood, how shall it be known what is spoken? for ye shall speak into the air. 10 There are, it may be, so many kinds of voices in the world, and none of them is without signification. 11 Therefore if I know not the meaning of the voice, I shall be unto him that speaketh a barbarian, and he that speaketh shall be a barbarian unto me. 12 Even so ye, forasmuch as ye are zealous of spiritual gifts, seek that ye may excel to the edifying of the church. 13 Wherefore let him that speaketh in an unknown tongue pray that he may interpret. 14 For if I pray in an unknown tongue, my spirit prayeth, but my understanding is unfruitful. 15 What is it then? I will pray

with the spirit, and I will pray with the understanding also: I will sing with the spirit, and I will sing with the understanding also. 16 Else when thou shalt bless with the spirit, how shall he that occupieth the room of the unlearned say Amen at thy giving of thanks, seeing he understandeth not what thou sayest? 17 For thou verily givest thanks well, but the other is not edified. 18 I thank my God, I speak with tongues more than ye all: 19 Yet in the church I had rather speak five words with my understanding, that by my voice I might teach others also, than ten thousand words in an unknown tongue. 20 Brethren, be not children in understanding: howbeit in malice be ye children, but in understanding be men. 21 In the law it is written, With men of other tongues and other lips will I speak unto this people; and yet for all that will they not hear me, saith the Lord. 22 Wherefore tongues are for a sign, not to them that believe, but to them that believe not: but prophesying serveth not for them that believe not, but for them which believe. 23 If therefore the whole church be come together into one place, and all speak with tongues, and there come in those that are unlearned, or unbelievers, will they not say that ye are mad? 24 But if all prophesy, and there come in one that believeth not, or one unlearned, he is convinced of all, he is judged of all: 25 And thus are the secrets of his heart made manifest; and so falling down on his face he will worship God, and report that God is in you of a truth. 26 How is it then, brethren? when ye come together, every one of you hath a psalm, hath a doctrine, hath a tongue, hath a revelation, hath an interpretation. Let all things be done unto edifying. 27 If any man speak in an unknown tongue, let it be by two, or at the most by three, and that by course; and let one interpret. 28 But if there be no interpreter, let him keep silence in the church; and let him speak to himself, and to God. 29 Let the prophets speak two or three, and let the other judge. 30 If any thing be revealed to another that sitteth by, let the first hold his peace. 31 For ye may all prophesy one by one, that all may learn, and all may be comforted. 32 And the spirits of the prophets are subject to the prophets. 33 For God is not the author of confusion, but of peace, as in all churches of the saints. 34 Let your women keep silence in the churches: for it is not permitted unto them to speak; but they are commanded to be under obedience, as also saith the law. 35 And if they will learn any thing, let them ask their husbands at home: for it is a shame for women to speak in the church. 36 What? came the word of God out from you? or came it unto you only? 37 If any man think himself to be a prophet, or spiritual, let him acknowledge that the things that I write unto you are the commandments of the Lord. 38 But if any man be ignorant, let him be ignorant. 39 Wherefore, brethren, covet to prophesy, and forbid not to speak with tongues. 40 Let all things be done decently and in order. (KJV)

CHURCH - JEMAAT

Jemaat adalah kumpulan orang yang percaya kepada Yesus Kristus, yang sudah dibaptis dan diorganisasikan secara lokal yang bertekad untuk melaksanakan Amanat Agung.
A church is a local organized assembly of baptized believers who are covenanted together to carry out the great commission.

Asal kata "jemaat" adalah kata ekklēsia (bahasa Yunani), ditulis 116 kali dalam Perjanjian Baru KJV. Diterjemahkan dalam bahasa Inggris sabagai "church" (jemaat) 77 kali, diterjemahkan dalam bahasa Inggris sebagai "churches" (jemaat-jemaat atau semua jemaat) 36 kali, dan diterjemahkan dalam bahasa Inggris sebagai "assembly" (kumpulan) 3 kali.
The origin of the word church or assembly is the word ekklēsia (Greek), occurs 116 times in the New Testament. Translated as church 77 times, translated as churches 36 times, translated as assembly 3 times.

Arti kata "jemaat" (ekklēsia) adalah "kumpulan orang yang terorganisasi dan sah". Kata ekklēsia ada tiga arti dalam Perjanjian Baru:
(Arti 1) Bangsa Israel di padang belantara (Kisah Para Rasul 7:38).
(Arti 2) Kumpulan orang banyak (Kisah Para Rasul 19:32-41).
(Arti 3) Jemaat Yesus Kristus (Matius 16:18). Dari 115 kali "ekklēsia" disebutkan dalam Perjanjian Baru 111 kali berhubungan dengan Jemaat Yesus.
THE MEANING OF "CHURCH" (ekklēsia) is "a lawful, organized assembly". It is used in three ways in the New Testament:
(1) Israel in the wilderness (Acts 7:38).
(2) A political assembly (Acts 19:32-41).
(3) Jesus Christ's assembly (Matthew 16:18). Of the 115 New Testament references to the "church," 111 refer to Jesus Christ's assembly.

Yang berhubungan dengan Jemaat Yesus Kristus ada dua kelompok:
The references to Jesus Christ's church are divided into two categories:

(Kelompok 1) Jemaat lokal di dunia (Kisah Para Rasul 2:47; 13:1). Istilah inilah yang paling banyak disebutkan dalam Alkitab sehubungan dengan jemaat lokal. Kadang-kadang kata jemaat berkaitan dengan jemaat secara umum (1 Korintus 15:9; Galatia 1:13; Filipi 3:6).
(1) The Local Assembly on earth (Acts 2:47; 13:1). This forms the vast majority of the Bible references to the church. Sometimes "church" refers to the local church in a general, generic, institutional sense (1 Corinthians 15:9; Galatians 1:13; Philippians 3:6).

(Kelompok 2) Jemaat kekal yang beranggotakan semua orang dari segala zaman yang sudah diselamatkan yang akan ada pada akhir zaman. Jadi, jemaat ini kekal (Efesus 3:21).
(2) The Future Assembly of all the saints of all ages. In this sense

the church is eternal (Ephesians 3:21).

Setiap jemaat bebas mengatur urusannya sendiri dan tidak bergantung pada pihak yang lain.
Each congregation is free to manage its own affairs and does not depend on other parties.

Setiap jemaat adalah lembaga yang otonom yang memunyai standar moral sendiri yang berdasarkan Alkitab. Setiap jemaat mengurus rumah tangganya sendiri, khususnya yang berkaitan dengan urusan dalam. Bebas dari pengaruh luar dan memunyai hak untuk membuat keputusan-keputusan moral dan mulai bertindak berdasarkan pada keputusan-keputusan itu. Dengan kata lain lembaga yang otonom, bebas menentukan tindakan dan perilaku sendiri yang berdasarkan Alkitab.
Each congregation is an autonomous institution with its own Biblical moral standards. Each congregation takes care of its own household, especially with regard to internal affairs. Each congregation is free from outside influences and has the right to make moral decisions and to act on them. In other words, an autonomous institution, free to determine its own actions and behavior based on the Bible.

- TUJUAN JEMAAT - PURPOSE OF THE CHURCH

Tujuan jemaat adalah memuliakan Tuhan melalui kepatuhan pada Alkitab.
The church is to bring glory to God through obedience to His Word.

Efesus 3:21 bagi Dialah kemuliaan di dalam jemaat dan di dalam Kristus Yesus turun-temurun sampai selama-lamanya. Amin. (ITB)
Ephesians 3:21 Unto him be glory in the church by Christ Jesus throughout all ages, world without end. Amen. (KJV)

Kolosi 1:18 Ialah [Kristus] kepala tubuh, yaitu jemaat. Ialah yang sulung, yang pertama bangkit dari antara orang mati, sehingga Ia yang lebih utama dalam segala sesuatu. (ITB)

Colossians 1:18 And he [Christ] is the head of the body, the church: who is the beginning, the firstborn from the dead; that in all things he might have the preeminence. (KJV)

- SEBUTAN PERTAMA JEMAAT - FIRST MENTION OF THE CHURCH

Konsep "Jemaat" pertama kali disebutkan dalam Injil Matius 16:16-19. Perhatikan pelajaran-pelajaran penting dari ayat-ayat ini:

The first mention of the word "church" in the New Testament is in the Gospl of Matthew 16:16-19. Consider some important lessons from this passage:

Matius 16:16-19 Simon Petrus menjawab dan berkata, Engkau adalah Sang Kristus, Putra dari Tuhan yang hidup. 17 Dan Yesus menjawab dan berkata kepada dia, Berbahagialah engkau, Simon anak Yunus: karena bukan manusia yang menyingkapkan *hal itu* kepada engkau, melainkan Bapa-Ku yang ada di surga. 18 Dan Aku pun berkata kepada engkau, Engkau adalah Petrus, dan di atas batu ini Aku akan membangun gereja-Ku dan gerbang-gerbang neraka tidak akan bertahan menghadapinya. 19 Dan Aku akan memberikan kepada engkau kunci-kunci kerajaan Surga: dan apa pun yang engkau ikat di bumi akan diikat di surga: dan apa pun yang engkau lepaskan di bumi akan dilepaskan di surga. (TISA)

Matthew 16:16-19 And Simon Peter answered and said, Thou art the Christ, the Son of the living God. 17 And Jesus answered and said unto him, Blessed art thou, Simon Barjona: for flesh and blood hath not revealed it unto thee, but my Father which is in heaven. 18 And I say also unto thee, That thou art Peter, and upon this rock I will build my church; and the gates of hell shall not prevail against it. 19 And I will give unto thee the keys of the kingdom of heaven: and whatsoever thou shalt bind on earth shall be bound in heaven: and whatsoever thou shalt loose on earth shall be loosed in heaven. (KJV)

(1) Jemaat didirikan oleh Yesus Kristus sendiri ("Aku akan membangun"). Ini adalah salah satu dari karya Yesus Kristus yang paling penting sampai kedatangan-Nya yang kedua kali.
(1) The church is built by Jesus Christ ("I will build").

(2) Jemaat didirikan di atas Yesus Kristus. "Batu" yang di atasnya jemaat-Nya dibangun adalah Yesus Kristus sendiri, bukan Petrus (Lihat 1 Korintus 3:11; 10:4; Efesus 2:20; 1 Petrus 2:6; 1 Korintus 10:4).
(2) The church is built upon Jesus Christ. The Rock upon which the church is built is Jesus Christ Himself - not Peter (See 1 Corinthians 3:11; 10:4; Ephesians 2:20; 1 Peter 2:6; 1 Corinthians 10:4).

(3) Jemaat tidak pernah ada sebelum Yesus Kristus datang. Jemaat Yesus Kristus harus dibedakan dan dipisahkan dari agama Yahudi (1 Korintus 10:32).
(3) The church did not exist until Jesus Christ came. It is an entity distinct from Israel (1 Corinthians 10:32).

(4) Jemaat adalah milik Yesus Kristus ("Aku akan mendirikan jemaat-Ku"). Jadi Yesus Kristus sendiri adalah kepala jemaat. Dia tidak pernah memberikan jabatan ini kepada satu orang pun.
(4) The church belongs to Jesus Christ ("I will build my church"). Jesis Christ is the sole Head of the church. He has given this position to no man.

(5) Jemaat Yesus Kristus akan dipelihara oleh Dia sendiri sampai kedatangan-Nya yang kedua kali ("dan gerbang-gerbang neraka tidak akan bertahan menghadapinya", artinya, kerajaan Iblis tidak akan pernah bisa bertahan terhadap serangan Jemaat Yesus Kristus).
(5) The church will be preserved through all generations ("the gates of hell shall not prevail against it").

(6) Jemaat Yesus Kristus adalah satu-satunya lembaga yang mendapat otoritas dari Yesus Kristus ("kunci-kunci Kerajaan Surga") dan Matius 18:18 memperjelas bahwa otoritas ini diberikan kepada jemaat bukan kepada Petrus saja.
(6) The church is the only institution blessed with Jesus Christ's authority ("And I will give unto thee the keys of the kingdom of heaven..."). Matthew 18:18 makes it clear that this promise of authority is to the church and not just to Peter. [3]

-PELAJARAN TENTANG JEMAAT DARI WAHYU PASAL 1-3
-LESSONS ABOUT THE CHURCH FROM REVELATION 1-3

(1) Setiap jemaat bebas mengatur urusannya sendiri dan tidak bergantung pada pihak yang lain. Setiap jemaat harus mandiri dan otonom. Kitab Wahyu ditujukan kepada semua jemaat di Asia, bukan satu jemaat saja. Setiap jemaat mendapat pesan tersendiri dari Yesus Kristus. Tidak ada rujukan dalam Kitab Wahyu tentang pendirian jemaat gabungan. Setiap Jemaat dinyatakan dan dihormati oleh Yesus sebagai organisasi yang mandiri dan berhak mengatur rumahtangganya sendiri.
(1) Each congregation is free to manage its own affairs and does not depend on other parties. Each congregation must be independent and autonomous. The book of Revelation is

---

[3] David W. Cloud, The Way of Life Encyclopedia of the Bible & Christianity (Computer CD Version 3.5), P.O. Box 610368, Port Huron, Michigan 48061-0368, Way of Life Literature, Copyright 1993, 2000.

addressed to all churches in Asia, not just one church. Each congregation gets its own message from Jesus Christ. There is no reference in the Book of Revelation to the founding of a combined church. Each congregation is declared and respected by Jesus as an independent organization and has the right to manage its own household.

(2) Setiap jemaat adalah lembaga yang otonom yang memunyai standar moral sendiri yang berdasarkan Alkitab. Setiap jemaat mengurus rumah tangganya sendiri, khususnya yang berkaitan dengan urusan dalam. Bebas dari pengaruh luar dan memunyai hak untuk membuat keputusan-keputusan moral dan mulai bertindak berdasarkan pada keputusan-keputusan itu. Dengan kata lain lembaga yang otonom, bebas menentukan tindakan dan perilaku sendiri yang berdasarkan Alkitab. Setiap jemaat memiliki kemuliaan Yesus Kristus yang dilambangkan dengan "kaki dian dari emas" (Wahyu 1:12).

(2) Each congregation is an autonomous institution with its own Biblical moral standards. Each congregation takes care of its own household, especially with regard to internal affairs. Each congregation is free from outside influences and has the right to make moral decisions and to act on them. In other words, an autonomous institution, free to determine its own actions and behavior based on the Bible. Each church possesses the glory of Jesus Christ, which is symbolized by the "golden candlesticks" (Revelation 1:12).

Wahyu 1:12, 13 Lalu aku berpaling untuk melihat suara yang berbicara kepadaku. Dan setelah aku berpaling, tampaklah kepadaku tujuh kaki dian dari emas. 13 Dan di tengah-tengah kaki dian itu ada seorang serupa Anak Manusia, berpakaian jubah yang panjangnya sampai di kaki, dan dadanya berlilitkan ikat pinggang dari emas. (ITB)

Revelation 1:12, 13 And I turned to see the voice that spake with me. And being turned, I saw seven golden candlesticks;

13 And in the midst of the seven candlesticks one like unto the Son of man, clothed with a garment down to the foot, and girt about the paps with a golden girdle. (KJV)

(3) Setiap jemaat adalah kaki dian tersendiri (Wahyu pasal 2). Menurut Kitab Wahyu bukan hanya satu kaki dian di Asia tetapi ada tujuh kaki dian yang tersendiri. Setiap jemaat ditugasi untuk melaksanakan Amanat Agung dan punya hak untuk melaksanakannya, yaitu mengabarkan Injil, memuridkan, membaptis, menahbiskan, dan mengutus utusan Injil (Kisah Para Rasul 13:1-4; 1 Tesolonika 1:7, 8; Filipi 2:15, 16).

(3) Each church is a separate lampstand (Revelation chapter 2). According to the Book of Revelation there is not only one lampstand in Asia but seven separate lampstands. Each congregation is assigned to carry out the Great Commission and has the right to carry it out, namely preaching the gospel, making disciples, baptizing, ordaining, and sending missionaries (Acts 13:1-4; 1 Thessalonians 1:7, 8; Philippians 2:15, 16).

Kisah Para Rasul 13:1-4 Pada waktu itu dalam jemaat di Antiokhia ada beberapa nabi dan pengajar, yaitu: Barnabas dan Simeon yang disebut Niger, dan Lukius orang Kirene, dan Menahem yang diasuh bersama dengan raja wilayah Herodes, dan Saulus. 2 Pada suatu hari ketika mereka beribadah kepada Tuhan dan berpuasa, berkatalah Roh Kudus: "Khususkanlah Barnabas dan Saulus bagi-Ku untuk tugas yang telah Kutentukan bagi mereka. 3 Maka berpuasa dan berdoalah mereka, dan setelah meletakkan tangan ke atas kedua orang itu, mereka membiarkan keduanya pergi. 4 Oleh karena disuruh Roh Kudus, Barnabas dan Saulus berangkat ke Seleukia, dan dari situ mereka berlayar ke Siprus. (ITB)

Acts 13:1-4 Now there were in the church that was at Antioch certain prophets and teachers; as Barnabas, and

Simeon that was called Niger, and Lucius of Cyrene, and Manaen, which had been brought up with Herod the tetrarch, and Saul. 2 As they ministered to the Lord, and fasted, the Holy Ghost said, Separate me Barnabas and Saul for the work whereunto I have called them. 3 And when they had fasted and prayed, and laid their hands on them, they sent them away. 4 So they, being sent forth by the Holy Ghost, departed unto Seleucia; and from thence they sailed to Cyprus. (KJV)

(4) Sampai saat ini Yesus Kristus memedulikan jemaat-Nya. Dia terlibat dalam jemaat-jemaat-Nya. Pada zaman yang akan datang Dia akan bertakhta di Yerusalem Baru (Wahyu 21:10-23; 22:1-3).
(4) To this day Jesus Christ cares for His church. He is involved in His churches. In the age to come He will reign in the New Jerusalem (Revelation 21:10-23; 22:1-3).

(5) Roh Kudus berbicara kepada orang-orang Kristen melalui pemberitaan Alkitab dalam jemaat-jemaat (Wahyu 2:7, 11, 17, 29; 3:6, 13, 22). Walaupun kita tahu bahwa Roh Kudus berbicara langsung kepada setiap orang Kristen, tetapi juga benar bahwa Roh Kudus berbicara kepada orang-orang Kristen secara kelompok melalui jemaat-jemaat (Wayhu 21:10-23; 22:1-3).
(5) The Holy Spirit speaks to Christians through the preaching of the Bible in the churches (Revelation 2:7, 11, 17, 29; 3:6, 13, 22). Although we know that the Holy Spirit speaks directly to every Christian, it is also true that the Holy Spirit speaks to Christians as a group through churches (Revelation 21:10-23; 22:1-3).

(6) Selama Masa Kesusahan Besar (kadang-kadang disebut Tribulasi), yaitu tujuh tahun menurut Kitab Wahyu, jemaat tidak disebutkan. Istilah jemaat disebutkan 19 kali dalam Kitab Wahyu pasal satu, dua, dan tiga, dan disebutkan lagi dalam Kitab Wahyu 22:16. Dalam pasal 4 sampai 22:16 Istilah jemaat

tidak pernah disebutkan.
(6) During the Great Tribulation, which is seven years according to the Book of Revelation, the church is not mentioned. The term church is mentioned 19 times in Revelation chapters one, two, and three, and is mentioned again in Revelation 22:16. In chapters 4 through 22:16 the term church is never mentioned.[4]

CLERGY - ROHANIWAN

Jemaat terdiri atas dua kelompok yaitu "clergy" dan "laity". Clergy adalah anggota jemaat yang ditahbiskan untuk pelayanan kepada Tuhan seperti gembala jemaat dan diakon. Laity adalah semua anggota jemaat yang lain.
The congregation consists of two groups namely "clergy" and "laity". Clergy are church members ordained for service to God such as pastors and deacons. Laity is all the other members of the church.

COMMEMORATE - MENGENANG

Mengenang: Mengingat seseorang atau peristiwa untuk menghormati orang atau peristiwa itu.
Commemorate: Remembering a person or event in honor of that person or event, intended to preserve the remembrance of that person or event.

Contoh: Perjamuan Tuhan ditujukan untuk mengenang Yesus Kristus akan penderitaan dan kasih-Nya yang rela mati sebagai Juruselamat.
Example: The Lord's Supper is intended to commemorate Jesus Christ for His suffering and His love and His willingness to die as Saviour.

---

[4] David W. Cloud, The Way of Life Encyclopedia of the Bible & Christianity (Computer CD Version 3.5), P.O. Box 610368, Port Huron, Michigan 48061-0368, Way of Life Literature, Copyright 1993, 2000.

Lukas 22:19, 20 Lalu Ia mengambil roti, mengucap syukur, memecah-mecahkannya dan memberikannya kepada mereka, kata-Nya: "Inilah tubuh-Ku yang diserahkan bagi kamu; perbuatlah ini menjadi peringatan akan Aku." 20 Demikian juga dibuat-Nya dengan cawan sesudah makan; Ia berkata: "Cawan ini adalah perjanjian baru oleh darah-Ku, yang ditumpahkan bagi kamu. (ITB)

Luke 22:19, 20 And he took bread, and gave thanks, and brake it, and gave unto them, saying, This is my body which is given for you: this do in remembrance of me. 20 Likewise also the cup after supper, saying, This cup is the new testament in my blood, which is shed for you. (KJV)

COMMUNION - THE LORD'S SUPPER - PERJAMUAN TUHAN

Perjamuan Tuhan adalah upacara peringatan yang diselenggarakan oleh jemaat lokal Perjanjian Baru. Hanya jemaat lokal Perjanjian Baru yang diberi hak oleh Yesus Kristus untuk menyelenggarakannya. Yesus Kristus sendiri yang memerintahkan jemaat-Nya untuk Perjamuan Tuhan ini. Tubuh dan darah Yesus yang menyelamatkan manusia dilambangkan dalam Perjamuan Tuhan. Hanya anggota jemaat setempat yang memenuhi syarat yang boleh mengikuti Perjamuan Tuhan. Syarat-syarat untuk mengikuti Perjamuan Tuhan adalah, tidak bermasalah dengan jemaat atau Tuhan. Makanan yang dipakai dalam Perjamuan Tuhan adalah roti yang tidak beragi dan jus anggur.

The Lord's Supper is a memorial supper organized and administered by the local New Testament congregation. Only the local New Testament congregations were given the right by Jesus Christ to administer it. Jesus Christ Himself commanded His congregation concerning the Lord's Supper. The body and blood of Jesus that saves humanity is symbolized in the Lord's Supper. Only members of the local church whose spiritual lives are in a right relationship with God are qualified participants in the Lord's Supper service. The food used in the Lord's Supper is unleavened bread and grape juice.

Baptisan dan Perjamuan Tuhan sama sekali tidak punya kuasa untuk menyelamatkan orang.
There is no saving power or grace in either baptism or the Lord's Supper.

Mark 14:22-24 Dan ketika Yesus dan murid-murid-Nya sedang makan, Yesus mengambil roti, mengucap berkat, memecah-mecahkannya lalu memberikannya kepada mereka dan berkata: "Ambillah, inilah tubuh-Ku." 23 Sesudah itu Ia mengambil cawan, mengucap syukur lalu mem-berikannya kepada mereka, dan mereka semuanya minum dari cawan itu. 24 Dan Ia berkata ke-pada mereka: "Inilah darah-Ku, darah perjanjian, yang ditumpahkan bagi banyak orang. (ITB)
Mark 14:22-24 And as they did eat, Jesus took bread, and blessed, and brake it, and gave to them, and said, Take, eat: this is my body. 23 And he took the cup, and when he had given thanks, he gave it to them: and they all drank of it. 24 And he said unto them, This is my blood of the new testament, which is shed for many. (KJV)

Catatan: Lihat juga: Matius 3:13-17; 26:17-30; 28:19, 20; Kisah Para Rasul 2:4; 10:44-46; 19:6.
Note: See also: Matthew 3:13-17; 26:17-30; 28:19, 20; Acts 2:4; 10:44-46; 19:6.

DEACON - DIAKON

Seseorang yang ditahbiskan oleh jemaat lokal untuk melayani jemaat itu dalam hal-hal duniawi.
A person ordained by a local church to serve that congregation in worldly matters.

Syarat-syarat dari 1 Timotius 3:8-13
Qualifications of 1 Timothy 3:8-13

1 Timotius 3:8-13 Demikian juga diaken-diaken haruslah orang terhormat, jangan bercabang lidah, jangan penggemar anggur, jangan serakah, 9 melainkan orang yang memelihara rahasia iman dalam hati nurani yang suci. 10 Mereka juga harus diuji dahulu, baru ditetapkan dalam pelayanan itu setelah ternyata mereka tak bercacat. 11 Demikian pula isteri-isteri hendaklah orang terhormat, jangan pemfitnah, hendaklah dapat menahan diri dan dapat dipercayai dalam segala hal. 12 Diaken haruslah suami dari satu isteri dan mengurus anak-anaknya dan keluarganya dengan baik. 13 Karena mereka yang melayani dengan baik beroleh kedudukan yang baik sehingga dalam iman kepada Yesus Kristus mereka dapat bersaksi dengan leluasa. (ITB)

1 Timothy 3:8-13 Likewise must the deacons be grave, not doubletongued, not given to much wine, not greedy of filthy lucre; 9 Holding the mystery of the faith in a pure conscience. 10 And let these also first be proved; then let them use the office of a deacon, being found blameless. 11 Even so must their wives be grave, not slanderers, sober, faithful in all things. 12 Let the deacons be the husbands of one wife, ruling their children and their own houses well. 13 For they that have used the office of a deacon well purchase to themselves a good degree, and great boldness in the faith which is in Christ Jesus. (KJV)

Menurut Alkitab salah satu dari syarat-syarat untuk menjadi diakon adalah harus pria, wanita tidak boleh.
According to the Bible one of the requirements to become a deacon is to be a man, not a woman.

DENOMINATION - DENOMINASI

Denominasi: Kelompok orang Kristen seperti Katolik, Pentakosta, GPIB, GBI, dsb. Setiap jemaat tanpa kecuali adalah anggota denominasi. Setiap denominasi memiliki keyakinan dan praktik tersendiri yang membedakannya dari denominasi lain.

Denomination: Christian groups such as Catholic, Pentecostal, Methodist, Lutheran, etc. Every church is a member of a denomination. Each denomination has its own beliefs and practices that distinguish it from other denominations.

DISCIPLING - PEMURIDAN

Kegiatan untuk mengajarkan dan melatih ajaran dan prinsip-prinsip Alkitab kepada orang lain.

Activities to teach and practice Bible teachings and principles to others. To teach, to train, to make a disciple.

MURID (kata benda) - DISCIPLE (noun)

1. penganut ajaran
1. a follower of certain doctrines
2. pengikut Yesus Kristus
2. a follower of Jesus Christ

MEMURIDKAN (KATA KERJA) - TO DISCIPLE (V.T.)

1. Mengajar; melatih dan membimbing
1. To teach; to train, or guide
2. Memuridkan seseorang
2. To make a disciple

DOGMA - DOGMA

Dogma adalah pendapat yang sudah diyakini banyak orang; ungkapan atau prinsip; ide-ide doktrinal, terutama dalam hal iman dan filsafat; seperti dogma gereja atau dogma Plato. Dogma adalah sudut pandang atau prinsip yang ditekankan

sebagai sesuatu yang berwibawa, terutama yang dianggap benar secara mutlak. Adakalanya ada dogma atau ajaran yang diajarkan dengan paksa tanpa landasan yang kokoh, yaitu tanpa dasar yang cukup, misalnya dalam ajaran Katolik ada: Transubstansiasi, Absolusi, dan Ekaristi. Semua ajaran tersebut tidak ada dasar yang kuat. Dogma sering diajarkan secara paksa sebagai kebenaran. Dogma bisa benar bisa tidak benar.

Dogma is an opinion that many people already believe; an expression or principle; doctrinal ideas, especially in matters of faith and philosophy; such as church dogma or Plato's dogma. Dogma is a point of view or principle that is emphasized as something authoritative, especially that which is considered absolutely true. Sometimes there are dogmas or teachings that are taught by force without a solid foundation, that is, without a sufficient basis, for example in Catholic teaching there are: Transubstantiation, Absolution, and the Eucharist. All these teachings have no solid foundation. Dogmas are often forcefully taught as truth. Dogmas may or may not be true.

ECCLESIOLOGY - EKLESIOLOGI

Ilmu yang mempelajari ajaran teologia yang berhubungan dengan jemaat

The study of theological doctrine relating to the church

ECUMENISM - OIKUMENE

Kegiatan yang mempromosikan kerja sama dan menyatukan semua denominasi yang berbeda-beda dalam kekristenan di seluruh dunia.

Activities that promote cooperation and unity of all the different denominations in Christianity around the world.

Gerakan Oikumene adalah gerakan yang menyebarkan filsafat oikumene yang sangat dominan pada masa kini yang

menghendaki semua orang Kristen bergabung tanpa menghiraukan ajaran Alkitab dengan tepat. Tujuan akhir gerakan oikumene itu adalah menyatukan semua kelompok agama sebagai satu kesatuan yang akan digunakan oleh antikristus pada saat Kesusahan Besar (Tribulasi, Great Tribulation).

Ecumenical Movement. The Ecumenical Movement is a movement that propagates the ecumenical philosophy that is very dominant today which calls for all Christians to join together regardless of the true teachings of the Bible. Although unbeknownst to most people, the ultimate goal of the ecumenical movement is to unite all religious groups as a single entity that will be used by the antichrist during the Great Tribulation.

- KEKELIRUAN GERAKAN OIKUMENE - ERRORS OF THE ECUMENICAL MOVEMENT

(1) Gerakan oikumene meremehkan pentingnya ajaran Alkitab yang murni, dan menolak pemisahan orang Kristen yang berdasarkan pada ajaran Alkitab. Persekutuan dengan orang-orang yang setuju dengan ajaran yang keliru, dilarang menurut Alkitab.

(1) The ecumenical movement downplays doctrinal purity and refuses to practice Biblical separation. Bible teaching forbids God's people from fellowshipping with those practicing doctrinal error.

2 Korintus 6:14-18 Tidak boleh menjadi mitra yang tidak seimbang yaitu bermitra dengan orang yang tidak percaya: karena kemitraan apa yang ada antara keadilan dan ketidakadilan? Dan persekutuan apa yang ada antara cahaya dan kegelapan? 15 Dan persetujuan apa yang ada antara Kristus dan Belial? Atau bagian apa yang ada antara orang yang percaya dan orang yang tidak percaya? 16 Dan persetujuan apa yang ada antara bait Tuhan dan berhala? Memang kalian adalah baitnya Tuhan yang hidup; sebagaimana Tuhan sudah

berfirman, Aku akan tinggal di dalam mereka, dan berjalan di antara mereka; dan Aku akan menjadi Tuhan mereka, dan mereka akan menjadi umat-Ku. 17 Oleh karena itu keluarlah kalian dari antara mereka, dan pisahkanlah diri kalian dari mereka, firman Sang Junjungan, dan janganlah menjamah apa yang najis; dan Aku akan menerima kalian, 18 dan Aku akan menjadi Bapa kalian, dan kalian akan menjadi anak-anak lelaki-Ku dan anak-anak perempuan-Ku, firman Sang Junjungan, Yang Mahakuasa. (TISA)

2 Corinthians 6:14-18 Be ye not unequally yoked together with unbelievers: for what fellowship hath righteousness with unrighteousness? and what communion hath light with darkness? 15 And what concord hath Christ with Belial? or what part hath he that believeth with an infidel? 16 And what agreement hath the temple of God with idols? for ye are the temple of the living God; as God hath said, I will dwell in them, and walk in them; and I will be their God, and they shall be my people. 17 Wherefore come out from among them, and be ye separate, saith the Lord, and touch not the unclean thing; and I will receive you, 18 And will be a Father unto you, and ye shall be my sons and daughters, saith the Lord Almighty. (KJV)

(2) Penyatuan kekristenan yang benar itu diciptakan Tuhan, bukan manusia (Efesus 4:1-6). Doa Yesus Kristus dalam Yohanes 17:21 adalah untuk menyatukan umat Kristen berdasarkan kebenaran Alkitab (Yohanes 17:6, 8, 14, 17, 19) sedangkan gerakan oikumene meremehkan pentingnya kebenaran dan ajaran Alkitab (doktrin).

(2) True Christian unity is God-made, not man-made (Ephesians 4:1-6). The prayer of Jesus Christ in John 17:21 is to unite Christians based on Bible truth (John 17:6, 8, 14, 17, 19) while the ecumenical movement underestimates the importance of truth and Bible teachings (doctrine).

(3) Gerakan oikumene meremehkan jemaat lokal dan mementingkan hubungan antar jemaat dan antar denomonasi. Jemaat lokal adalah lembaga yang didirikan oleh Yesus Kristus untuk melaksanakan rencana-Nya, yaitu Amanat Agung. Penyatuan orang Kristen itu adalah hal tentang jemaat lokal (1 Korintus 1:10; 12:25-27; 2 Korintus 13:11; Filipi 1:27; Roma 12:16; 15:5, 6).

(3) The ecumenical movement downplays local congregations and emphasizes relations between separate congregations and between denominations. A local congregation is an institution established by Jesus Christ to carry out His plan, which is the Great Commission. The unity of Christians is about the local congregation (1 Corinthians 1:10; 12:25-27; 2 Corinthians 13:11; Philippians 1:27; Romans 12:16; 15:5, 6).

(4) Kelompok-kelompok Kristen yang oikumene sering mengganti perintah Yesus Kristus dengan kegiatan sosial. Amanat Agung, yang disebut lima kali dalam Perjanjian Baru (Matius 28; Markus 16; Lukas 24; Yohanes 20; Kisah Para Rasul 1), memerintahkan jemaat untuk menyebarkan Injil sampai akhir zaman dan memuridkan orang yang sudah percaya kepada Yesus. Para rasul dan anggota jemaat, pada abad pertama, menerima Amanat Agung dengan sungguh hati dan membaktikan diri pada tugas itu tanpa mencampur adukkan dengan tugas-tugas yang lain. Anggota jemaat pada abad pertama melayani Tuhan di negara-negara yang penuh dengan kebutuhan sosial. Walaupun begitu, mereka tidak mengutamakan hal-hal itu. Orang Kristen membaktikan diri untuk menyebarkan Injil dan mau menolong orang yang belum diselamatkan untuk percaya kepada Yesus Kristus sebelum terlam-bat. Kalau para rasul atau anggota jemaat melaksanakan pekerjaan selain mengabarkan Injil, pasti merugikan manusia karena tidak ada orang lain di dunia yang bisa melaksanakan Amanat Agung.

(4) Ecumenical Christian groups often replace the commandments of Jesus Christ with social work. The Great Commission, which is

mentioned five times in the New Testament (Matt. 28; Mark 16; Luke 24; John 20; Acts 1), commands the congregation to spread the gospel until the end of time and make disciples of those who already believe in Jesus. The apostles and members of the church, in the first century, took the Great Commission seriously and dedicated themselves to it without mixing it up with other duties. Church members in the first century served the Lord in countries full of social need. However, they don't give priority to those things. Christians are dedicated to spreading the gospel and want to help the unsaved believe in Jesus Christ before it is too late. If the apostles or members of the congregation did any work other than preaching the gospel, it would be to the detriment of humanity because no one else in the world could carry out the Great Commission.

(5) Kelompok-kelompok oikumene menggalakkan ide-ide yang tidak Alkitabiah tentang peran wanita dalam masyarakat. Mereka mengajar bahwa wanita boleh menjadi pendeta atau pemimpin jemaat. Kelompok-kelompok oikumene mau menyamakan peran wanita dan pria seperti yang dilakukan orang-orang duniawi, tetapi Alkitab berkata bahwa peran pria dan peran wanita tidak sama. Wanita dan pria diciptakan oleh Tuhan dengan tujuan berbeda dan peran berbeda (1 Timotius 2:9-15; 5:14; 1 Korintus 14:34, 35; Titus 2:3, 5).

(5) Ecumenical groups promote unbiblical ideas about the role of women in society. They teach that women could be pastors or church leaders. Ecumenical groups want to equate the roles of women and men as worldly people do, but the Bible says that the roles of men and women are not the same. Women and men were created by God with different purposes and different roles (1 Timothy 2:9-15; 5:14; 1 Corinthians 14:34, 35; Titus 2:3, 5).

(6) Kelompok-kelompok oikumene tidak memunyai standar moral yang tinggi dan standar doktrin yang tinggi. Sangat disayangkan, merokok, berbicara kotor, berpakaian tidak sopan, homoseksualitas serta perbuatan tidak bermoral

lainnya menjadi kebiasaan di antara kelompok mereka. Mereka sering berkata bahwa mereka mengingini "kebebasan" dan "penghargaan diri" dan orang Kristen yang mengingini standar moral yang Alkitabiah disebut oleh kelompok oikumene sebagai orang yang legalistik, yaitu orang yang melaksanakan hukum dan aturan secara harfiah tanpa empati dan kasih.

(6) Ecumenical groups do not have high moral standards and high doctrinal standards. Unfortunately, smoking, dirty talk, immodest dress, homosexuality and other immoral acts are common among Ecumenicals. They often say that they want "freedom" and "self-respect" and Christians who covet Biblical moral standards are referred to by ecumenical groups as legalistic, i.e. people who carry out laws and regulations literally without empathy and love. [5]

1 Petrus 1:14-16 Hiduplah sebagai anak-anak yang taat dan jangan turuti hawa nafsu yang menguasai kamu pada waktu kebodohanmu, 15 tetapi hendaklah kamu menjadi kudus di dalam seluruh hidupmu sama seperti Dia yang kudus, yang telah memanggil kamu, 16 sebab ada tertulis: Kuduslah kamu, sebab Aku kudus. (ITB)

1 Peter 1:14-16 As obedient children, not fashioning yourselves according to the former lusts in your ignorance: 15 But as he which hath called you is holy, so be ye holy in all manner of conversation; 16 Because it is written, Be ye holy; for I am holy. (KJV)

EDIFICATION - PEMBANGUNAN KEROHANIAN

Pembangunan kerohanian adalah cara untuk membangun pemahaman moral dan kekristenan, melalui memberikan ajaran yang meningkatkan pikiran dalam pengetahuan, dalam hal-hal moral, dan dalam kesucian.

---

[5] David W. Cloud, The Way of Life Encyclopedia of the Bible & Christianity (Computer CD Version 3.5), P.O. Box 610368, Port Huron, Michigan 48061-0368, Way of Life Literature, Copyright 1993, 2000.

Edification is spiritual development that is the way to build moral understanding and Christianity, through teachings to increase the mind in knowledge, in moral matters, in belief and in holiness.

Roma 14:19 Oleh karena itu, mari kita mengejar hal-hal yang mendatangkan kedamaian dan hal-hal yang membangun kerohanian satu dengan yang lain. (TISA)
Romans 14:19 Let us therefore follow after the things which make for peace, and things wherewith one may edify another. (KJV)

Roma 15:2 Memang biarlah setiap orang dari kita menyenangkan sesamanya untuk kebaikannya demi pembangunan kerohaniannya. (TISA)
Romans 15:2 Let every one of us please his neighbour for his good to edification. (KJV)

1 Korintus 14:3-5 Akan tetapi siapa pun yang bernubuat berbicara kepada manusia untuk pembangunan kerohanian, dorongan, dan penghiburan. 4 Siapa yang berbicara dalam bahasa yang tidak dikenal membangun kerohanian dirinya sendiri, tetapi siapa yang bernubuat, membangun kerohanian jemaat. 5 Dan aku ingin kalian semua berbicara dalam bahasa-bahasa yang tidak dikenal, tetapi lebih baik kalian bernubuat: karena orang yang bernubuat lebih baik daripada orang yang berbicara dalam bahasa yang tidak dikenal, kecuali kalau orang itu menafsirkannya, sehingga jemaat menerima pembangunan kerohanian. (TISA)
1 Corinthians 14:3-5 But he that prophesieth speaketh unto men to edification, and exhortation, and comfort. 4 He that speaketh in an unknown tongue edifieth himself; but he that prophesieth edifieth the church. 5 I would that ye all spake with tongues, but rather that ye prophesied: for greater is he that prophesieth than he that speaketh with tongues, except he interpret, that the church may receive edifying. (KJV)

1 Korintus 14:12 Demikian pula kalian, karena kalian bersemangat akan karunia-karunia rohani, upayakan supaya kalian berkelimpahan untuk pembangunan kerohanian jemaat. (TISA)
1 Corinthians 14:12 Even so ye, forasmuch as ye are zealous of spiritual gifts, seek that ye may excel to the edifying of the church. (KJV)

1 Korintus 14:17 Engkau memang mengucapkan syukur dengan baik, tetapi kerohanian orang lain tidak dibangun. (TISA)
1 Corinthians 14:17 For thou verily givest thanks well, but the other is not edified. (KJV)

1 Korintus 14:26 Jadi bagaimana saudara-saudara? Bilamana kalian berkumpul, setiap orang ada mazmur, atau ada pengajaran, atau ada bahasa yang tidak dikenal, atau ada pembeberan, atau ada tafsiran. Biarlah semuanya itu berlangsung untuk pembangunan kerohanian jemaat. (TISA)
1 Corinthians 14:26 How is it then, brethren? when ye come together, every one of you hath a psalm, hath a doctrine, hath a tongue, hath a revelation, hath an interpretation. Let all things be done unto edifying. (KJV)

Ayat-ayat lain tentang pembangunan kerohanian: Efesus 4:12, 13; 2 Korintus 12:19; 1 Tesalonika 5:11; 1 Korintus 10:23; Kisah Para Rasul 9:31.
Other Bible References on edification: Eph. 4:12, 13; 2 Cor. 12:19; 1 Thess. 5:11; 1 Cor. 10:23; Acts 9:31.

EFFICACIOUS - YANG BERKUASA

Upcara yang "efficacious" adalah upacara yang berkuasa untuk menyelamatkan orang dari dosa, tetapi sebetulnya tidak ada. Upacara yang diyakini bisa memberikan apa yang diingini. Sebetulnya tidak ada upacara yang bisa menyelematkan orang dari hukuman dosa.

An "efficacious" ceremony is a ceremony that has the power to save people from sin, but actually no such ceremony exists. Certain ceremonies are believed to be capable of producing a desired effect, but actually there is no ceremony that can save people from the punishment of sin.

ELDER - TUA-TUA / PENATUA

Dalam jemaat Perjanjian Baru "Elder" adalah Gembala Jemaat. Dalam Perjanjian Baru "KJV" Gembala Jemaat juga disebut "Pastor" (Efesus 4:11), "Bishops" atau "Overseers" (Kisah Para Rasul 20:28), "Leaders", dan "Rulers" (Ibrani 13:7; 1 Thesalonika 5:12). Sebutan "Presbyter" atau "Elder" atau "Bishop" atau "Overseer" tidak berkaitan dengan umur, melainkan dengan tugas. Tugas-tugas itu adalah tugas gembala jemaat (Titus 1:5-9; Kisah Para Rasul 20:17-28; Filipi 1:1).

In the New Testament church "Elder" is the Pastor. In the New Testament, Pastors are called "Pastors" (Ephesians 4:11), "Bishops" or "Overseers" (Acts 20:28), "Leaders", and "Rulers" (Hebrews 13:7; 1 Thessalonians 5:12). The words "Presbyter" or "Elder" or "Bishop" or "Overseer" are not related to age, but to duty. These are the duties of the pastor of the church (Titus 1:5-9; Acts 20:17-28; Philippians 1:1). All of these words refer to Pastors.

Acuan-acuan umum: Kisah Para Rasul 11:29, 30; 14:23; 15:1-35; 16:4, 5; 20:17; 20:28-32; 21:18; 1 Timotius 4:14; 5:17-19; Ibrani 11:2; Yakobus 5:14, 15; 1 Petrus 5:1-5; 2 Yohanes 1:1; 3 Yohanes 1:1.

General references: Acts 11:29, 30; 14:23; 15:1-35; 16:4, 5; 20:17; 20:28-32; 21:18; 1 Timothy 4:14; 5:17-19; Hebrews 11:2; James 5:14, 15; 1 Peter 5:1-5; 2 John 1:1; 3 John 1:1.

EUCHARIST - EKARISTI

Dalam agama Katolik ada dogma bahwa roti dan anggur sunguh-sungguh berubah menjadi tubuh dan darah Yesus Kristus setelah disucikan oleh imam Katolik sebagai inti ibadah. Dogma itu disebut "Ekaristi". Ekaristi adalah roti dan anggur yang dipakai dalam ibadah Katolik dalam memperingati kematian Yesus Kristus.

In Catholicism there is a dogma that the bread and wine really do turn into the body and blood of Jesus Christ after being sanctified by Catholic priests as the core of worship. This dogma is called the "Eucharist". The Eucharist is the bread and wine used in Catholic worship to commemorate the death of Jesus Christ.

EVANGELISM - PENGABARAN INJIL

Pengabaran Injil dilakukan oleh jemaat atau utusan Injil. Pengabaran Injil adalah pelaksanaan penyabaran Injil Yesus Kristus.

Evangelism is carried out by the congregation or missionaries. Evangelism is the practice of spreading the gospel of Jesus Christ.

EXCOMMUNICATE - MENGUCILKAN

1. Menghilangkan hak keanggotaan jemaat melalui otoritas jemaat.
2. Mengeluarkan anggota jemaat dari persekutuan jemaat melalui keputusan jemaat.

1. To eliminate one's church membership rights through church authority.
2. To remove church members from the church fellowship through the church's decision.

EXTRA-BIBLICAL REVELATION - WAHYU DI LUAR ALKITAB

Karismatik dan beberapa kelompok lain seperti Katolik dan

Morman yakin bahwa ada wahyu dan nubuat di luar Alkitab.
Charismatics and some other groups such as Catholics and Mormans believe that there is revelation and prophecy outside the Bible.

Orang Kristen bisa bersyukur karena Tuhan memberikan Alkitab yang diilhami-Nya dan yang sudah lengkap dan sempurna. Orang Kristen yang benar tidak percaya bahwa ada wahyu, nubuat, dan penglihatan di luar Alkitab. Dalam Alkitab kita mendapat semua yang diperlukan oleh jemaat untuk menuntun iman dan perbuatan.
Christians can be grateful that God gave us the Bible that was inspired and complete and perfect. True Christians do not believe that there are revelations, prophecies, and visions outside the Bible, and would not depend on them. In the Bible we find everything the church needs to guide faith and practice.

- MASALAH BERKAITAN DENGAN WAHYU DI LUAR ALKITAB
- THE ERROR OF EXTRA-BIBLICAL REVELATION

Tidak bisa dipertanggungjawabkan. Kalau seseorang menerima wahyu atau nubuat dari Tuhan melalui mimpi, bagaimana kita yakin bahwa wahyu itu dari Tuhan dan bagaimana menafsirkannya? Kalau kita keluar dari ajaran Alkitab, kita akan dibingungkan, jadi, tidak bisa dipercaya.
It is unstable and can not be accounted for. If someone receives a revelation or prophecy from God through a dream, how can we be sure that the revelation is from God and how to interpret it? If we leave the teachings of the Bible, we will have confusion and instability.

Tidak sempurna. 2 Timotius 3:16, 17 menyatakan bahwa Alkitab sudah cukup untuk membuat sempurna orang percaya, "dilengkapi untuk setiap perbuatan baik". Wahyu di luar Alkitab sama sekali tidak diperlukan. Wahyu dan nubuat

melalui mimpi, walaupun bermanfaat secara pribadi, pasti tidak sempurna seperti Firman Tuhan dalam Alkitab, jadi tidak diperlukan.
It is not perfect and unnecessary. 2 Timothy 3:16, 17 states that the Bible is sufficient to make a believer perfect, "equipped for every good work". Revelation outside the Bible is completely unnecessary. Revelation and prophecy through dreams, while possibly personally beneficial, are certainly not as perfect as God's Word in the Bible, so they are not necessary.

Tidak alkitabiah. Ayat-ayat seperti Efesus 2:20; 2 Petrus 1:19-21; and Wahyu 22:18, 19 menyatakan bahwa Alkitab adalah wahyu Tuhan, kepada manusia, itu sudah lengkap. Alkitab sudah lengkap dan sah. Kita sungguh memerlukan Firman Tuhan dan kita sudah memilikinya di dalam Alkitab!
It is unbiblical and unscriptural. Verses like Ephesians 2:20; 2 Peter 1:19-21; and Revelation 22:18, 19 states that the Bible is God's revelation to man, and it is complete. The Bible is complete and valid. We really need God's Word and we already have it in the Bible!

FUNDAMENTALISM - FUNDAMENTALISME

Fundamentalisme adalah gerakan konservatif yang mulai di Amerika Serikat pada abad ke-20 sebagai tanggapan terhadap liberalisme atau modernisme. Fundamentalisme menegaskan kesempurnaan Alkitab sebagai dokumen sejarah dan tuntunan iman dan moral, khususnya keyakinan tentang kelahiran Yesus melalui seorang perawan, dan kematian Yesus Kristus di kayu salib, dan penguburan-Nya, dan kebangkitan-Nya secara tubuh, dan kedatangan-Nya yang kedua kali. Dalam kekristenan, fundamentalisme adalah keyakinan bahwa apa yang ditulis dalam Alkitab benar-benar terjadi dan nubuat-nubuatnya pasti akan terjadi. Juga fundamentalisme adalah keyakinan bahwa Alkitab tanpa cacat, tanpa kekurangan, tanpa kesalahan, dan tanpa

kekeliruan.
Fundamentalism is a conservative movement that began in the United States in the 20th century in response to liberalism or modernism. Fundamentalism affirms the perfection of the Bible as a historical document which guides faith and morals, and emphasizing, as matters of true faith, belief in the virgin birth of Jesus, and the death of Jesus Christ on the cross, and His burial, and His bodily resurrection, and His second coming. In Christianity, fundamentalism is the belief that what is written in the Bible really happened and its prophecies will definitely happen. Also fundamentalism is the belief that the Bible is flawless, without flaws, and without error.

HERETIC AND HERESY - HERETIK ATAU PENGANUT AJARAN SESAT DAN AJARAN SESAT

- HERETIK ATAU PENGANUT AJARAN SESAT
HERETIC

Siapa saja, khususnya orang Kristen, yang percya pada ajaran yang berlawanan dengan ajaran Alkitab dan mengajarkannya disebut heretik atau penganut ajaran sesat.
Any person, but especially a Christian, who holds and teaches opinions contrary to Biblical teaching.

- AJARAN SESAT - HERESY

Ajaran sesat adalah ajaran apa saja yang tidak sesuai dengan ajaran dasar kekristenan menurut Alkitab. Alkitab adalah standar iman dan sumber semua ajaran yang benar.
Heresy is any teaching that is not in accordance with the basic teachings of Christianity according to the Bible. The Bible is the standard of faith and the source of all true teaching.

Ajaran sesat adalah pelanggaran yang melawan kekristenan. Ajaran sesat adalah ajaran yang menyangkal ajaran dasar

kekristenan. Ajaran sesat adalah penyangkalan secara terang-terangan terhadap ajaran dasar kekristenan dan diajarkan sebagai doktrin dan dipegang teguh sebagai dogma.
Heresy is an offense against Christianity. Heresies are teachings that deny the basic teachings of Christianity. Heresy is a blatant denial of the basic tenets of Christianity and is taught as doctrine and held as dogma.

Titus 3:10, 11 Seorang bidat yang sudah satu dua kali kaunasihati, hendaklah engkau jauhi. 11 Engkau tahu bahwa orang yang semacam itu benar-benar sesat dan dengan dosanya menghukum dirinya sendiri. (ITB)
Titus 3:10, 11 A man that is an heretick after the first and second admonition reject; 11 Knowing that he that is such is subverted, and sinneth, being condemned of himself. (KJV)

2 Yohanes 1:7-11 Memang banyak penipu sudah masuk ke dunia, yang tidak mengakui bahwa Yesus Kristus telah datang dalam daging. Orang ini adalah penipu dan antikristus. 8 Jagalah diri kalian sendiri, supaya kita tidak kehilangan hal-hal yang telah kita kerjakan, melainkan kita menerima ganjaran penuh. 9 Siapa pun yang melanggar, dan tidak tinggal dalam ajaran Kristus, tidak memunyai Tuhan. Dia yang tinggal dalam ajaran Kristus, dia memunyai baik Bapa maupun Putra. 10 Kalau seseorang datang ke kalian, dan tidak membawa ajaran ini, janganlah menerima si penipu itu *sebagai guru* di dalam rumah *kalian,* dan janganlah mengatakan apa saja yang mendukung si penipu itu: 11 Memang dia yang mengatakan sesuatu yang mendukung si penipu itu sudah mengambil bagian dalam pekerjaannya yang jahat. (TISA)
2 John 1:7-11 For many deceivers are entered into the world, who confess not that Jesus Christ is come in the flesh. This is a deceiver and an antichrist. 8 Look to yourselves, that we lose not those things which we have wrought, but that we

receive a full reward. 9 Whosoever transgresseth, and abideth not in the doctrine of Christ, hath not God. He that abideth in the doctrine of Christ, he hath both the Father and the Son. 10 If there come any unto you, and bring not this doctrine, receive him not into your house, neither bid him God speed: 11 For he that biddeth him God speed is partaker of his evil deeds. (KJV)

Galatia 1:6-8 Aku heran, bahwa kamu begitu lekas berbalik dari pada Dia, yang oleh kasih karunia Kristus telah memanggil kamu, dan mengikuti suatu Injil lain, 7 yang sebenarnya bukan Injil. Hanya ada orang yang mengacaukan kamu dan yang bermaksud untuk memutarbalikkan Injil Kristus. 8 Tetapi sekalipun kami atau seorang malaikat dari sorga yang memberitakan kepada kamu suatu Injil yang berbeda dengan Injil yang telah kami beritakan kepadamu, terkutuklah dia. (ITB)
Galatians 1:6-8 I marvel that ye are so soon removed from him that called you into the grace of Christ unto another gospel: 7 Which is not another; but there be some that trouble you, and would pervert the gospel of Christ. 8 But though we, or an angel from heaven, preach any other gospel unto you than that which we have preached unto you, let him be accursed. (KJV)

HUMANISM - HUMANISME

Humanisme adalah pandangan kehidupan atau filsafat yang mengutamakan nilai-nilai kemanusiaan bukan nilai-nilai agama.
Humanism is a view of life or philosophy that prioritizes human values, not religious values.

Humanisme juga adalah kepercayaan bahwa keberhasilan manusia adalah hasil usahanya sendiri, bukan karya Tuhan karena orang yang percaya pada humanisme menolak Tuhan

dan semua sistem keyakinan.

Humanism is also the belief that human success is the result of one's own efforts, not the work of God because people who believe in humanism reject God and all belief systems.

INDIGENOUS - PRIBUMI

Sesuatu yang ada, tumbuh, dan hidup secara mandiri di lingkungan tertentu tanpa pertolongan dari luar walaupun mungkin diadakan oleh pihak luar disebut pribumi.

Being produced, growing, living, or occurring without outside help in a particular region or environment.

Pribumi juga adalah sesuatu yang asli di lingkungan tertentu.

Native to a particular region or environment.

LIBERALISM - LIBERALISME

Liberalisme berasal dari Eropa, tepatnya di Jerman, pada abad ke-19. Pada zaman itu pola pikir yang humanis sudah ada dan pola pikir itu memengaruhi pola pikir kekristenan. Pola pikir itu melahirkan paham liberalisme. Pada masa itu dosen-dosen "Kristen" di banyak universitas Kristen dan seminari, yang tidak lahir lagi, tidak setuju dengan konsep kesempurnaan Alkitab. Jadi, mereka dengan senang hati menerima pemikiran humanis. Dan mereka menerapkan pola pikir evolusi pada Alkitab dan kekristenan. Akibatnya tragis. Alkitab dianggap sebagai buku biasa yang ditulis oleh manusia yang tidak diilhami oleh Tuhan. Yesus Kristus dianggap hanya sebagai manusia biasa yang baik. Dalam istilah teologi kadang-kadang liberalisme juga disebut modernisme supaya lebih menarik dan lebih mudah diterima.

Liberalism, which is also called Theological Modernism, originated in Europe, to be precise in Germany, in the 19th century. At that time a humanist mindset already existed and that mindset influenced the Christian mindset. This mindset gave birth to liberalism. At that time the "Christian" lecturers in many Christian universities and seminaries were not born again and did not agree with the concept of the perfection of the Bible. So they gladly accepted humanist thinking. And they applied the evolutionary mindset to the Bible and Christianity. This resulted in the Bible being considered an ordinary book written by humans who were not inspired by God. Jesus Christ was considered only as a good ordinary man. In theological terms, liberalism is sometimes also called modernism to make it more attractive and easier to accept.

Penganut liberalisme tidak percaya bahwa sejarah dan mujizat yang ditulis dalam Alkitab pernah terjadi. Mereka tidak percaya adanya Adam dan Hawa, Taman Eden, dan banjir Nuh. Mereka menganggap semua itu hanya dongeng seperti yang ada dalam cerita-cerita Hindu. Banyak penganut liberalisme tidak percaya bahwa Yesus Kristus dilahirkan oleh seorang perawan. Juga, tidak percaya bahwa Yesus adalah Tuhan, tidak percaya bahwa Dia sungguh-sungguh mati dan bangkit lagi, dsb. Mereka tidak percaya bahwa peristiwa-peristiwa yang ditulis dalam Kitab-kitab Injil benar-benar terjadi dan menganggap Alkitab tidak menjelaskan dengan tepat siapa sebetulnya Yesus.

Adherents of liberalism do not believe that history and miracles written in the Bible ever happened. They do not believe in Adam and Eve, the Garden of Eden, and the flood of Noah. They think all of it is just a fairy tale like in Hindu stories. Many liberals do not believe that Jesus Christ was born of a virgin. Also, they do not believe that Jesus is God, and they do not believe that He really died and rose again, etc. They do not believe that the events recorded in the Gospels actually happened, they do not believe that the Gospel accounts of His life are factual, and they assume that the Bible does not contain an accurate idea of what Jesus Christ was truly like.

ORDINANCE - KETETAPAN

Arti pertama: Peraturan dan upacara dalam Perjanjian Lama (Lukas. 1:6; Kolosi 2:14; Ibrani 9:1, 10).
First meaning: The laws and ceremonies of the O.T (Luke 1:6; Colossians 2:14; Hebrews 9:1, 10).

Efesus 2:13-15 Tetapi sekarang di dalam Kristus Yesus kamu, yang dahulu "jauh", sudah menjadi "dekat" oleh darah Kristus. 14 Karena Dialah damai sejahtera kita, yang telah mempersatukan kedua pihak dan yang telah merubuhkan tembok pemisah, yaitu perseteruan, 15 sebab dengan mati-Nya sebagai manusia Ia telah membatalkan hukum Taurat dengan segala perintah dan ketentuannya, untuk menciptakan keduanya menjadi satu manusia baru di dalam diri-Nya, dan dengan itu mengadakan damai sejahtera, (ITB)
Ephesians 2:13-15 But now in Christ Jesus ye who sometimes were far off are made nigh by the blood of Christ. 14 For he is our peace, who hath made both one, and hath broken down the middle wall of partition between us; 15 Having abolished in his flesh the enmity, even the law of commandments contained in ordinances; for to make in himself of twain one new man, so making peace; (KJV)

Arti kedua: Hukum Sipil (Roma 13:2; 1 Petrus 2:13).
Second meaning: Civil laws (Romans 13:2; 1 Peter 2:13).

1 Petrus 2:13, 14 Jadi, tunduklah kalian pada semua peraturan manusia demi Sang Junjungan: baik kepada sang raja sebagai penguasa tertinggi; 14 maupun kepada para gubernur, dan kepada mereka yang diutusnya, untuk menghukum mereka yang berbuat jahat, dan memuji mereka yang berbuat baik. (TISA)
1 Peter 2:13, 14 Submit yourselves to every ordinance of man for the Lord's sake: whether it be to the king, as

supreme; 14 Or unto governors, as unto them that are sent by him for the punishment of evildoers, and for the praise of them that do well. (KJV)

Arti ketiga: Hukum dan aturan Yahudi tentang makanan, dsb (Kolose 2:20).
Third meaning: Laws and regulations dealing with diet and the like (Colossians 2:20).

Kolose 2:20-22 Apabila kamu telah mati bersama-sama dengan Kristus dan bebas dari roh-roh dunia, mengapakah kamu menaklukkan dirimu pada rupa-rupa peraturan, seolah-olah kamu masih hidup di dunia: 21 jangan jamah ini, jangan kecap itu, jangan sentuh ini; 22 semuanya itu hanya mengenai barang yang binasa oleh pemakaian dan hanya menurut perintah-perintah dan ajaran-ajaran manusia. (ITB)
Colossians 2:20-22 Wherefore if ye be dead with Christ from the rudiments of the world, why, as though living in the world, are ye subject to ordinances, 21 (Touch not; taste not; handle not; 22 Which all are to perish with the using;) after the commandments and doctrines of men? (KJV)

Arti keempat: Ketetapan jemaat dan upacara jemaat. Istilah "ordinance" dalam kekristenan pada masa kini dipakai terutama yang berkaitan dengan dua ketetapan yang diberikan oleh Yesus Kristus kepada jemaat Perjanjian Baru, yaitu baptisan dan perjamuan Tuhan. Namun demikian ada beberapa jemaat yang juga mengadakan upacara membasuh kaki (Yohanes 13).
Fourth meaning: Church ordinances and church ceremonies. The term "ordinance" in Christianity today is used primarily in connection with the two ceremonies given by Jesus Christ to the New Testament church, namely baptism and the Lord's Supper. However, there are some congregations who also hold a foot washing ceremony (John 13).

Matius 28:19 Karena itu pergilah, jadikanlah semua bangsa murid-Ku dan baptislah mereka dalam nama Bapa dan Anak dan Roh Kudus, (ITB)
Matthew 28:19 Go ye therefore, and teach all nations, baptizing them in the name of the Father, and of the Son, and of the Holy Ghost: (KJV)

1 Korintus 11:23b-25 ...bahwa Tuhan Yesus, pada malam waktu Ia diserahkan, mengambil roti 24 dan sesudah itu Ia mengucap syukur atasnya; Ia memecah-mecahkannya dan berkata: "Inilah tubuh-Ku, yang diserahkan bagi kamu; perbuatlah ini menjadi peringatan akan Aku!" 25 Demikian juga Ia mengambil cawan, sesudah makan, lalu berkata: "Cawan ini adalah perjanjian baru yang dimeteraikan oleh darah-Ku; perbuatlah ini, setiap kali kamu meminumnya, menjadi peringatan akan Aku! (ITB)
1 Cor. 11:23b-25 ...that the Lord Jesus the same night in which he was betrayed took bread: 24 And when he had given thanks, he brake it, and said, Take, eat: this is my body, which is broken for you: this do in remembrance of me. 25 After the same manner also he took the cup, when he had supped, saying, This cup is the new testament in my blood: this do ye, as oft as ye drink it, in remembrance of me. (KJV)

Hanya ada dua ketetapan gereja yaitu Baptisan dan Perjamuan Tuhan yang ditetapkan oleh Yesus kepada jemaat lokal-Nya.
Baptism and the Lord's Supper are the only two ordinances set forth in the local church by Jesus Christ.[6]

---

[6] David W. Cloud, The Way of Life Encyclopedia of the Bible & Christianity (Computer CD Version 3.5), P.O. Box 610368, Port Huron, Michigan 48061-0368, Way of Life Literature, Copyright 1993, 2000.

PARA CHURCH ORGANIZATION - ORGANISASI YANG TIDAK DIBAWAH OTORITAS GEREJA

Organisasi "para-church" adalah organisasi seperti gereja, buatan manusia, di luar gereja, tidak diresmikan oleh gereja, dan tidak dikuasai oleh gereja dan Tuhan. Organisasi yang tidak di bawah otoritas gereja seperti ini, mengambil otoritas gereja untuk menjalankan pekerjaan gereja di dunia.

A "para-church" organization is a church-like organization, man-made, outside the church, not authorized by the church, and not controlled by the church and God. Organizations that are not under the authority of the church steal the authority of the church to carry out the work of the church in the world.

Contoh "para-church organization" adalah "Promise Keepers" dan "Navigators" yang menganjurkan persatuan yang agamis yang tidak Alkitabiah. Mereka melawan ajaran dan tindakan yang Alkitabiah karena mereka setuju dan mendukung ajaran Karismatik dan ajaran Katolik. Lebih lanjut, mereka memakai metode psikologis. Metode ini mencampuradukkan kebenaran dan kepalsuan. Mereka memakai musik duniawi, dan pemberbicara mereka kebanyakan duniawi juga. Organisasi "para-church" berusaha keras untuk mendapat anggota baru. Organisasi "para-church" mengancam jemaat yang mematuhi Alkitab. Jemaat Alkitabiah tidak membolehkan apa saja yang duniawi. Orang-orang yang benar-benar Kristen melawan dengan keras organisasi yang tidak Alkitabiah dan oikumenis.

Examples of "para-church organizations" are "Promise Keepers" and "Navigators" who advocate unbiblical religious unity. They oppose biblical teachings and actions because they agree with and support Charismatic and Catholic teachings. Furthermore, they use psychological methods. This method mixes truth and falsehood. They put on worldly music, and their speakers are mostly worldly too. The "para-church" organization is trying hard to get new members and often steal members from churches. "Para-church" organizations threaten Bible-abiding congregations. The Biblical church does not allow anything worldly. True Christians are vehemently against ecumenical organizations and their unbiblical beliefs.

PASTOR - GEMBALA / GEMBALA JEMAAT

Kata "gembala" dan frasa "gembala jemaat" sama artinya. Kata "gembala" yang berkaitan dengan abdi Tuhan adalah seseorang yang menjaga dan memelihara jemaat.
The word shepherd and the word pastor have the same meaning. The word pastor as related to the man of God is someone who looks after and cares for the congregation.

Kata "pastor" dalam bahasa Inggris tidak ada kaitannya dengan pemimpin gereja Katolik. Dalam bahasa Inggeris pemimpin gereja Katolik selalu disebut "priest" yang artinya imam.
The word pastor in English has nothing to do with Catholic church leaders. In English the leader of the Catholic church is always called a priest.

Gembala atau gembala jemaat adalah penanggung jawab yang sudah ditahbiskan oleh jemaat yang ditugaskan untuk menjaga dan memedulikan jemaatnya dan mengajar mereka ajaran yang Alkitabiah.
The pastor or shepherd is the person in charge who has been ordained by the congregation who is assigned to look after and care for his congregation and teach them biblical doctrine.

Efesus 4:11 Dan Ialah yang memberikan baik rasul-rasul maupun nabi-nabi, baik pemberita-pemberita Injil maupun gembala-gembala dan pengajar-pengajar, (ITB)
Ephesians 4:11 And he gave some, apostles; and some, prophets; and some, evangelists; and some, pastors and teachers; (KJV)

Yeremia 3:15 Aku akan mengangkat bagimu gembala-gembala yang sesuai dengan hati-Ku; mereka akan menggembalakan kamu dengan pengetahuan dan pengertian. (ITB)
Jeremiah 3:15 And I will give you pastors according to mine heart, which shall feed you with knowledge and understanding. (KJV)

1 Timotius 3:1-7 Perkataan ini layak dipercaya, Apabila seseorang mengingini jabatan gembala jemaat, dia mengingini pekerjaan yang baik. 2 Jadi, gembala jemaat harus¹ tidak bercela, suami dari satu istri, berhati-hati, bijaksana, sopan, suka memberi tumpangan, mampu mengajar; 3 bukan pemabuk, bukan pemberang, tidak mengingini keuntungan yang tidak etis; melainkan lemah lembut, tidak suka bertengkar, tidak cintai akan uang; 4 seseorang yang mengurus rumah tangganya sendiri dengan baik, yang anak-anaknya tunduk kepadanya dengan segala hormat. 5 (Memang kalau seseorang tidak tahu bagaimana mengurus rumah tangganya sendiri, bagaimana dia bisa mengurus jemaat Tuhan?) 6 *Juga gembala jemaat harus* bukan yang tidak berpengalaman, supaya tidak menjadi sombong sehingga jatuh ke dalam vonis hukuman si iblis. 7 Apalagi, dia harus mempunyai kesaksian yang baik di luar *jemaat;* supaya dia tidak jatuh ke dalam celaan dan perangkap si iblis. (TISA)
1 Timothy 3:1-7 This is a true saying, If a man desire the office of a bishop, he desireth a good work. 2 A bishop then must be blameless, the husband of one wife, vigilant, sober, of good behaviour, given to hospitality, apt to teach; 3 Not given to wine, no striker, not greedy of filthy lucre; but patient, not a brawler, not covetous; 4 One that ruleth well his own house, having his children in subjection with all gravity; 5 (For if a man know not how to rule his own house,

how shall he take care of the church of God?) 6 Not a novice, lest being lifted up with pride he fall into the condemnation of the devil. 7 Moreover he must have a good report of them which are without; lest he fall into reproach and the snare of the devil. (KJV)

-GEMBALA JEMAAT, GEMBALA, TUA-TUA / PENATUA - PASTOR, SHEPHERD, ELDER

Gelar dan jabatan "gembala jemaat", "gembala" dan "tua-tua / penatua" pada dasarnya sama. Tugas "Gembala Jemaat" sebagai berikut:
The titles and position of "pastor," "shepherd," and "elder" are essentially the same. The "Pastor's" duties are:

Mengawasi secara umum hal-hal yang berkaitan dengan kesehatan rohani jemaat.
Overseeing in general matters relating to the spiritual well-being of the congregation.

1 Petrus 5:2 Gembalakanlah kawanan domba Tuhan yang ada pada kalian, perhatikanlah *kawanan domba itu*, bukan karena terpaksa, melainkan dengan rela; bukan karena mengingini keuntungan yang tidak etis, melainkan dengan semangat; (TISA)
1 Peter 5:2 Feed the flock of God which is among you, taking the oversight thereof, not by constraint, but willingly; not for filthy lucre, but of a ready mind; (KJV)

Mengajar baik secara umum maupun secara pribadi (1 Tesalonika 5:12; Titus 1:9; 1 Timotius 5:17).
Teaching both publicly and privately (1 Thessalonians 5:12; Titus 1:9; 1 Timothy 5:17).

Titus 1:9 dan berpegang kepada perkataan yang benar, yang sesuai dengan ajaran yang sehat, supaya ia sanggup

menasihati orang berdasarkan ajaran itu dan sanggup meyakinkan penentang-penentangnya. (ITB)
Titus 1:9 Holding fast the faithful word as he hath been taught, that he may be able by sound doctrine both to exhort and to convince the gainsayers. (KJV)

1 Timotius 5:17 Penatua-penatua yang baik pimpinannya patut dihormati dua kali lipat, terutama mereka yang dengan jerih payah berkhotbah dan mengajar. (ITB)
1 Timothy 5:17 Let the elders that rule well be counted worthy of double honour, especially they who labour in the word and doctrine. (KJV)

Mengunjungi jemaatnya khususnya yang sakit.
Visiting his congregation, especially the sick.

Yakobus 5:14 Kalau ada seorang di antara kamu yang sakit, baiklah ia memanggil para penatua jemaat, supaya mereka mendoakan dia serta mengolesnya dengan minyak dalam nama Tuhan. (ITB)
James 5:14 Is any sick among you? let him call for the elders of the church; and let them pray over him, anointing him with oil in the name of the Lord: (KJV)

PREACHER - PENGKHOTBAH

Alkitab memberitahu syarat-syarat untuk pengkhotbah:
The Bible informs us of the necessary qualifications of a preacher:

1 Timotius 3:1-7 Perkataan ini layak dipercaya, Apabila seseorang mengingini jabatan gembala jemaat, dia mengingini pekerjaan yang baik. 2 Jadi, gembala jemaat harus' tidak bercela, suami dari satu istri, berhati-hati, bijaksana, sopan, suka memberi tumpangan, mampu mengajar; 3 bukan pemabuk, bukan pemberang, tidak

mengingini keuntungan yang tidak etis; melainkan lemah lembut, tidak suka bertengkar, tidak cintai akan uang; 4 seseorang yang mengurus rumah tangganya sendiri dengan baik, yang anak-anaknya tunduk kepadanya dengan segala hormat. 5 (Memang kalau seseorang tidak tahu bagaimana mengurus rumah tangganya sendiri, bagaimana dia bisa mengurus jemaat Tuhan?) 6 *Juga gembala jemaat harus* bukan yang tidak berpengalaman, supaya tidak menjadi sombong sehingga jatuh ke dalam vonis hukuman si iblis. 7 Apalagi, dia harus mempunyai kesaksian yang baik di luar *jemaat;* supaya dia tidak jatuh ke dalam celaan dan perangkap si iblis. (TISA)

1 Timothy 3:1-7 This is a true saying, If a man desire the office of a bishop, he desireth a good work. 2 A bishop then must be blameless, the husband of one wife, vigilant, sober, of good behaviour, given to hospitality, apt to teach; 3 Not given to wine, no striker, not greedy of filthy lucre; but patient, not a brawler, not covetous; 4 One that ruleth well his own house, having his children in subjection with all gravity; 5 (For if a man know not how to rule his own house, how shall he take care of the church of God?) 6 Not a novice, lest being lifted up with pride he fall into the condemnation of the devil. 7 Moreover he must have a good report of them which are without; lest he fall into reproach and the snare of the devil. (KJV)

Pertanyaan umum tentang pengkhotbah:
A common question about preachers:

- BOLEHKAH WANITA MENJADI PENGKHOTBAH? -
MAY A WOMAN BE A PREACHER?

Sebetulnya, untuk menjawab pertanyaan apa saja yang berkaitan dengan kekristenan, kita harus memutuskan apakah kita menerima Alkitab sebagai Firman Tuhan atau tidak.

To answer this question, and many other religious questions, we must first decide whether or not we accept the Bible as the Word of God.

Apakah kita percaya bahwa Alkitab adalah Firman Tuhan? Kita harus mengambil keputusan, apakah Alkitab adalah Firman Tuhan yang layak diyakini, dan dipatuhi, atau Alkitab adalah tulisan agama yang usang, yang bisa kita pakai dan terapkan semaunya sendiri?
Do we believe that the Bible is the Word of God? We have to make a decision, is the Bible the Word of God worth believing and obeying, or is the Bible an obsolete religious writing, which we can use and apply at will?

Kalau kita menerima Alkitab sebagai Firman Tuhan kita tidak boleh hanya memilih ayat-ayat yang sesuai dengan budaya kita saja. Yang tidak sesuai pun harus kita terima juga. Kita harus percaya bahwa Tuhan bisa menulis kitab yang budayanya paling tinggi (jauh lebih tinggi daripada budaya-budaya manusia). Tuhan menyuruh wanita-wanita mengasihi suaminya, dalam ayat-ayat yang sama Dia menyuruh istri harus mematuhi suaminya. Tuhan menyuruh wanita bersikap rendah hati dan sederhana, dalam ayat-ayat yang sama Dia menyuruh wanita tidak mengajar pria hal-hal rohani.
If we accept the Bible as the Word of God we must not only choose to believe verses that seem appropriate to our culture. We also have to accept what is not in agreement with our culture. We must believe that God could write a book whose culture is the best (much better than human cultures). God commands women to love their husbands, in the same verses He commands wives to obey their husbands. God tells women to be humble and modest, in the same verses He tells women not to teach men spiritual things.

Pada masa kini banyak denominasi Kristen yang mengajarkan bahwa ada ajaran dalam Alkitab yang tidak berlaku sekarang karena ajaran itu hanya berlaku pada masa lalu. Contohnya,

mereka tidak setuju dengan ajaran Alkitab bahwa sodomi itu dosa. Oleh karena itu mereka bilang kita tidak seharusnya menafsirkan Alkitab secara harfiah dalam hal-hal seperti itu. Itu adalah kesalahan besar.

Many Protestant and Charismatic and Catholic and other Christian denominations teach that there are teachings in the Bible that do not apply today because they were only valid in the past. For example, they disagree with the Bible's teaching that sodomy is a sin. That's why they say we shouldn't take the Bible literally in such things. This is a grave error.

Dan juga ada kelompok Kristen yang lain yang menyatakan bahwa cerita yang ada dalam Alkitab tentang orang-orang yang dikuasai setan, dan cerita-cerita lain tentang menyembuhkan orang dan mujizat-mujizat lain seperti yang dinyatakan dalam Alkitab tidak betul-betul terjadi. Mereka bilang bahwa Yesus hanya menjelaskan hal-hal itu dalam Alkitab sekedar menyetujui kepercayaan yang primitif dalam kebudayaan yang primitif pada masa itu. Itu adalah kesalahan besar lainnya.

And there are also other Christian groups who claim that the stories in the Bible about people being possessed by demons, and other stories about healing people and other miracles as stated in the Bible don't really happen. They say that Jesus only explained these things in the Bible so as to agree with primitive beliefs in the primitive culture of that time. This is another grave error.

Menurut ajaran denominasi lain, kitab Kejadian tidak bisa diterima secara faktual. Contoh: Walaupun kitab Kejadian mengajar bahwa Tuhan sudah menciptakan dunia ini dalam enam hari seperti hari pada masa sekarang yang terdiri dari 24 jam, mereka tidak percaya akan hal itu. Ini semua adalah kesalahan buruk.

According to the teachings of other denominations, the book of Genesis cannot be accepted factually. Example: Even though the book of Genesis teaches that God created this world in six days like today's 24-hour day, they don't believe it. These are all terrible mistakes.

Orang yang benar-benar percaya pada Alkitab, yaitu orang Kristen yang benar, pasti menolak pemikiran duniawi seperti contoh-contoh di atas, dan menerima bahwa Tuhan Yang Mahakuasa pasti mampu mengantisipasi perbedaan budaya, melakukan mukjizat, dan menciptakan alam semesta yang sempurna dan lengkap hanya dalam enam hari. Memang orang Kristen yang benar yakin bahwa Tuhan bisa menciptakannya dalam enam menit atau enam detik saja kalau Dia mengingininya. Jadi, tentu saja orang Kristen yang benar percaya bahwa semua yang dinyatakan Tuhan dalam Alkitab adalah fakta, bukan dongeng, dan masih berlaku.

A true believer in the Bible, i.e. a true Christian, must reject worldly thoughts like the examples above, and accept that Almighty God is well able to anticipate cultural differences, perform miracles, and create a mature, perfect, and complete universe only in six days. Indeed, true Christians believe that God could have created it in six minutes or six seconds if He so wished. So of course true Christians believe that everything God reveals in the Bible is fact, not fable, and still holds true.

Jadi, kalau Alkitab benar-benar punya otoritas tertinggi, apakah wanita boleh menjadi pengkhotbah?

So, if we believe that the Bible really has ultimate authority, can women be preachers?

Apakah ada rasul wanita di antara kedua belas rasul Yesus? Tidak. Apakah ada wanita yang menulis Alkitab? Tiodak. Kita bisa membaca tulisan para pemimpin jemaat pada abad-abad pertama, mereka semua adalah laki-laki. Tak seorang pun dari mereka adalah wanita. Juga, lihat di bawa untuk aturan alkitabiah mengenai perilaku perempuan dalam jemaat.

Are there female apostles among the twelve apostles of Jesus? No. Did any woman write a part of the Bible? no. We can read the writings of church leaders in the first centuries, they were all men. None of them are women. Also see below for Biblical rules for the conduct of women in the church.

-ATURAN ALKITAB MENGENAI PERILAKU PEREMPUAN DALAM JEMAAT
-RULES FOR THE CONDUCT OF WOMEN IN CHURCH

1 Korintus 14:34, 35 Seharusnya wanita-wanita kalian berdiam dalam jemaat: karena mereka tidak diizinkan untuk berbicara; melainkan mereka diperintahkan untuk tunduk, seperti yang dikatakan dalam hukum Taurat. 35 Dan kalau mereka ingin mempelajari sesuatu, mereka seharusnya menanyakannya kepada suami mereka di rumah: memang mencemarkan *jemaat* kalau wanita berbicara dalam jemaat. (TISA)
1 Corinthians 14:34, 35 Let your women keep silence in the churches: for it is not permitted unto them to speak; but they are commanded to be under obedience, as also saith the law. 35 And if they will learn any thing, let them ask their husbands at home: for it is a shame for women to speak in the church. (KJV)

Ayat-ayat dalam 1 Korintus 14 itu jelas sekali. "Berdiam" dan "tidak diizinkan untuk berbicara" punya arti yang sama baik pada masa gereja mula-mula maupun pada masa kini. Pria Kristen yang sudah dewasa harus melarang wanita berbicara dalam jemaat. Wanita diperintahkan melalui Alkitab untuk berdiam diri saja dalam kebaktian dan pertemuan jemaat.
The verses in 1 Corinthians 14 are very clear. "Silence" and "not permitted to speak" meant the same thing in the early church as well as today. Mature Christian men should forbid women from speaking in the congregation. Women are commanded through the Bible to remain silent in church services and meetings.

1 Timotius 2:11, 12 Seharusnyalah perempuan berdiam

diri dan menerima ajaran dengan patuh. **12 Aku tidak mengizinkan perempuan mengajar dan juga tidak mengizinkannya memerintah laki-laki; hendaklah ia berdiam diri. (ITB)**
1 Timothy 2:11, 12 Let the woman learn in silence with all subjection. 12 But I suffer not a woman to teach, nor to usurp authority over the man, but to be in silence. (KJV)

Dalam 1 Timotius Pasal 2, Rasul Paulus yang dilhami Roh Kudus menyatakan wanita tidak diizinkan untuk mengajar laki-laki dewasa dan menguasai laki-laki dewasa. Semua laki-laki dewasa bertanggung jawab untuk tidak memberikan kesempatan kepada wanita untuk mengajar laki-laki dewasa. Kalau laki-laki dewasa memberi perhatian kepada wanita yang sedang berkhotbah, laki-laki itu tidak mematuhi Alkitab. Rasul Yohanes menegur jemaat yang ada di Efesus karena mereka membolehkan seorang wanita yang bernama Izebel mengajar dalam jemaat, lebih-lebih mengajarkan ajaran palsu:
In 1 Timothy Chapter 2, the Apostle Paul, who was inspired by the Holy Spirit, stated that women were not permitted to teach grown men or dominate men. All grown men are responsible for not giving women the opportunity to teach adult men. When a grown man pays attention to a woman who is preaching, he is not obeying the Bible. He is disobedient to the Word of God. The apostle John rebuked the church in Ephesus because they allowed a woman named Jezebel to teach in the church, even more so to teach false teachings:

Wahyu 2:20 Tetapi Aku mencela engkau, karena engkau membiarkan wanita Izebel, yang menyebut dirinya nabiah, mengajar dan menyesatkan hamba-hamba-Ku supaya berbuat zinah dan makan persembahan-persembahan berhala. (ITB)
Revelation 2:20 Notwithstanding I have a few things against thee, because thou sufferest that woman Jezebel, which calleth herself a prophetess, to teach and to seduce my servants to commit fornication, and to eat things sacrificed unto idols.(KJV)

Lebih lanjut Rasul Paulus menjelaskan mengapa Alkitab melarang wanita mengajar pria (1 Timotius pasal 2).
Paul continues telling men why they should not allow a woman to teach (1 Timothy chapter 2).

1 Timotius 2:13, 14 Karena Adam yang pertama dijadikan, kemudian barulah Hawa. 14 Lagipula bukan Adam yang tergoda (tertipu), melainkan perempuan itulah yang tergoda (tertipu) dan jatuh ke dalam dosa. (ITB)
1 Timothy 2:13, 14 For Adam was first formed, then Eve. 14 And Adam was not deceived, but the woman being deceived was in the transgression. (KJV)

Ayat-ayat dalam 1 Timotius pasal 2 itu menunjukkan bahwa wanita lebih mudah tertipu (Catatan: Kata Yunani "apatao" yang ada pada 1 Timotius 2:14 diterjemahkan sebagai "Tergoda" tetapi terjemahan itu salah. Terjemahan yang benar adalah "Tertipu").
This passage points out that women are more subject to deception. In other words, the verses in 1 Timothy chapter 2 show that women are more easily deceived.

Setiap pria memunyai tanggungjawab pribadi untuk tidak mendengarkan wanita berkhotbah dan juga mengajar hal-hal rohani. Juga setiap pria memunyai tanggungjawab pribadi untuk tidak menerima kepemimpinan wanita dalam jemaat. Di Indonesia beberapa jemaat membiarkan kepemimpinan wanita dalam jemaat. Walaupun begitu, pria Kristen yang benar tidak boleh menerimannya. Wanita boleh mengajar banyak hal selain hal-hal rohani; wanita boleh menjadi pengusaha, dan boleh menjadi direktur, bahkan boleh menjadi kepala negara. Wanita boleh mengajar hal-hal tentang kesehatan, juga pokok-pokok lain tetapi Tuhan melarang wanita mengambil kewenangan rohani pria dan mengajar hal-

hal yang rohani kepada pria. Itu pandangan Tuhan, bukan manusia.

Every man has a personal responsibility not to listen to women preach or teach spiritual things. Also every man has a personal responsibility not to accept any woman's leadership in the church. In Indonesia some congregations allow women leadership in the congregation. However, true Christian men should not accept it. Women can teach many things other than spiritual things; women may become entrepreneurs, and may become directors, and may even become heads of state. Women may teach things about health, as well as other subjects but God does not permit women to take spiritual authority over men or to teach the Bible to men. That is God's view, not man's.

PROTESTANT - PROTESTAN

Menurut sejarah, istilah ini mulai ada sejak abad ke-16. Pada waktu itu ada Reformasi Gerakan Luther di Eropa. Nama Protestan berasal dari sekelompok bangsawan Jerman yang memprotes melawan Paus pada tahun 1529, dan nama itu diberikan kepada beberapa denominasi yang muncul sebagai hasil Reformasi itu.

According to history, this term began to exist since the 16th century. At that time there was the Protestant Reformation Movement of Martin Luther in Europe. The name Protestant comes from a group of German aristocrats who protested against the Pope in 1529, and the name was given to several denominations that arose as a result of the Reformation.[7]

RATIONALIZATION - RASIONALISASI

Tindakan membuat sesuatu menjadi rasional. Contoh: Di sebuah kantor kebanyakan pegawainya korupsi. Karena

---

[7] David W. Cloud, The Way of Life Encyclopedia of the Bible & Christianity (Computer CD Version 3.5), P.O. Box 610368, Port Huron, Michigan 48061-0368, Way of Life Literature, Copyright 1993, 2000.

kebanyakan orang korupsi maka korupsi di kantor ini dianggap biasa. Ini namanya rasionalisasi.
An action that makes something seem rational. Example: In an office most of the employees are corrupt. Because most people are corrupt, corruption in this office is considered normal, and not evil. This is called rationalization.

REMEMBRANCE OR MEMORIAL - PERINGATAN ATAU PENGENANGAN

Kegiatan dan upacara untuk mengingat suatu peristiwa. Perjamuan Tuhan dan Baptisan adalah peringatan. Perjamuan Tuhan untuk mengenang kematian dan penderitaan Yesus Kristus. Baptisan juga untuk mengenang lagi kematian, penguburan dan kebangkitan Yesus Kristus dan kita mati, dikubur, dan bangkit bersama Yesus Kristus melalui pengakuan iman kita kepada Yesus di depan umum sebelum dibaptis.
Activities and ceremonies that serve to remember an event. The Lord's Supper and Baptism are memorials. The Lord's Supper is in memory of the death and suffering of Jesus Christ. Baptism is also to commemorate the death, burial and resurrection of Jesus Christ and we die, are buried, and rise with Jesus Christ through our public confession of faith in Jesus before being baptized.

Lukas 22:19 Lalu Ia mengambil roti, mengucap syukur, memecah-mecahkannya dan memberikannya kepada mereka, kata-Nya: "Inilah tubuh-Ku yang diserahkan bagi kamu; perbuatlah ini menjadi peringatan akan Aku. (ITB)
Luke 22:19 And he took bread, and gave thanks, and brake it, and gave unto them, saying, This is my body which is given for you: this do in remembrance of me. (KJV)

Roma 6:3-5 Atau tidakkah kalian tahu, bahwa sebanyak orang yang sudah dibaptis ke dalam Yesus Kristus sudah

dibaptis ke dalam kematian-Nya? 4 Jadi kita dikuburkan bersama dengan Dia ke dalam kematian melalui baptisan: supaya sama seperti Kristus yang sudah dibangkitkan dari antara orang mati melalui kemuliaan Sang Bapa, demikian pula kita bisa berjalan dalam pembaruan kehidupan. 5 Memang kalau kita sudah diikutsertakan mirip dengan kematian-Nya, kita juga akan *diikutsertakan mirip* dengan kebangkitan-Nya: (TISA)

Romans 6:3-5 Know ye not, that so many of us as were baptized into Jesus Christ were baptized into his death? 4 Therefore we are buried with him by baptism into death: that like as Christ was raised up from the dead by the glory of the Father, even so we also should walk in newness of life. 5 For if we have been planted together in the likeness of his death, we shall be also in the likeness of his resurrection: (KJV)

ROMAN CATHOLIC CHURCH - GEREJA KATOLIK ROMA

Gereja katolik roma adalah agama yang menyatakan bahwa Katolik adalah satu-satunya jemaat Yesus Kristus yang benar, tetapi hal ini tidak benar. Gereja Katolik diselenggarakan melalui sistem hirarki yang terdiri atas Uskup, Uskup Agung, Kardinal, dan Paus yang paling tinggi. Pusatnya di Roma, Vatikan, Itali dan dimulai pada tahun 366, paus pertama adalah Paus Damasus (History of the Papacy, Wikipedia). Kata "Roma" menjelaskan bahwa agama ini berpusat di Roma. "Katolik" artinya "universal" yang menunjuk pada pernyataan bahwa Gereja Katolik Roma memunyai otoritas atas semua orang Kristen di dunia, tetapi hal ini tidak benar.

The Roman Catholic Church is a religion that claims that Catholicism is the only true church of Jesus Christ, but this is not true. The Catholic Church is organized through a hierarchical system consisting of bishops, archbishops, cardinals, and the highest is pope. Its center is in Rome, Vatican, Italy and started in 366, the first pope was Pope Damasus (History of the Papacy,

Wikipedia). The word "Rome" explains that this religion was centered in Rome. "Catholic" means "universal" which refers to the statement that the Roman Catholic Church has authority over all Christians in the world, but this is not true.[8]

SACRAMENT - SAKRAMEN

"Sakramen" adalah upacara jemaat sebagai saluran kasih karunia ilahi dengan tujuan menyelematkan orang. Sebetulnya tidak ada upacara jemaat yang bisa menyelematkan orang. Orang diselamatkan ketika bertobat dan menerima Yesus Kristus. Upacara Jemaat hanya peringatan saja. Jemaat Lokal Perjanjian Baru tidak pernah dan tidak akan pernah mengadakan sakramen. Konsep "sakramen" seluruhnya tidak benar karena tidak Alkitabiah.

"Sacraments" are church ceremonies as channels of divine grace with the aim of saving people. Actually no church ceremony can save people. People are saved when they repent and accept Jesus Christ. The Church's Ceremony is just a memorial. The New Testament Local Congregations have never and will never administer any sacrament. The whole concept of "sacrament" is incorrect because it is not Biblical.

SAINT - ORANG SUCI

Dalam Alkitab, orang suci adalah seseorang yang telah menerima Yesus Kristus sebagai Tuhan dan Juruselamatnya. Orang yang sudah diselamatkan disebut sebagai orang yang "lahir lagi" atau sebagai "orang suci".

In the Bible, a saint is someone who has accepted Jesus Christ as his Lord and Saviour. People who have been saved are referred to as "born again" or as "saints".

---

[8] David W. Cloud, The Way of Life Encyclopedia of the Bible & Christianity (Computer CD Version 3.5), P.O. Box 610368, Port Huron, Michigan 48061-0368, Way of Life Literature, Copyright 1993, 2000.

Roma 1:7 kepada semua *orang* yang dikasihi Tuhan, yang ada di Roma, yang dipanggil *untuk menjadi* orang suci, *yaitu orang yang sudah diselamatkan:* Anugerah untuk kalian dan kedamaian dari Tuhan, Bapa kita, dan dari Sang Junjungan, Yesus Kristus. (TISA)
Romans 1:7 To all that be in Rome, beloved of God, called to be saints: Grace to you and peace from God our Father, and the Lord Jesus Christ. (KJV)

Roma 8:27 Dan Dia yang menyelidiki hati telah mengetahui apa pola pikir Roh itu, karena Dia membuat perantaraan demi orang suci, *yaitu orang yang sudah diselamatkan,* menurut *kehendak* Tuhan. (TISA)
Romans 8:27 And he that searcheth the hearts knoweth what is the mind of the Spirit, because he maketh intercession for the saints according to the will of God. (KJV)

Roma 12:13 bagikanlah apa yang dibutuhkan orang suci, *yaitu orang yang sudah diselamatkan;* dan bersikaplah ramah. (TISA)
Romans 12:13 Distributing to the necessity of saints; given to hospitality. (KJV)

Roma 15:25-31 Akan tetapi sekarang, aku pergi ke Yerusalem untuk melayani orang suci, yaitu orang yang sudah diselamatkan. 26 Memang orang Makedonia dan Akhaya senang memberikan sumbangan tertentu kepada orang suci yang miskin yang ada di Yerusalem. 27 Memang hal itu menyenangkan mereka; dan mereka berhutang kepada orang miskin itu. Memang kalau bangsa-bangsa bukan Yahudi telah mengambil bagian dalam hal-hal rohani dari orang miskin itu, maka mereka seharusnya melayani orang miskin itu dalam hal-hal jasmaniah. 28 Jadi setelah aku menyelesaikan hal ini, yaitu pemberian sumbangan itu, dan setelah aku

menyampaikan buah itu kepada mereka, aku akan singgah ke tempat kalian dalam perjalananku ke Spanyol. **29 Dan aku tahu bahwa ketika aku datang ke kalian, aku akan datang dalam kepenuhan berkat Injil Kristus. 30 Namun aku memohon kepada kalian, Saudara-saudara, demi Junjungan kita Yesus Kristus dan berdasarkan kasih Roh, supaya kalian berusaha bersama dengan aku dalam doa-doa kalian kepada Tuhan demi aku; 31 supaya aku luput dari mereka yang tidak percaya di Yudea; dan supaya pelayananku untuk Yerusalem bisa diterima oleh orang suci; (TISA)**

Romans 15:25 But now I go unto Jerusalem to minister unto the saints. 26 For it hath pleased them of Macedonia and Achaia to make a certain contribution for the poor saints which are at Jerusalem. 27 It hath pleased them verily; and their debtors they are. For if the Gentiles have been made partakers of their spiritual things, their duty is also to minister unto them in carnal things. 28 When therefore I have performed this, and have sealed to them this fruit, I will come by you into Spain. 29 And I am sure that, when I come unto you, I shall come in the fulness of the blessing of the gospel of Christ. 30 Now I beseech you, brethren, for the Lord Jesus Christ's sake, and for the love of the Spirit, that ye strive together with me in your prayers to God for me; 31 That I may be delivered from them that do not believe in Judaea; and that my service which I have for Jerusalem may be accepted of the saints; (KJV)

Roma 16:2 supaya kalian menerima dia demi Sang Junjungan, seperti layaknya untuk orang suci, *yaitu orang yang sudah diselamatkan,* dan supaya kalian membantu dia dalam hal apapun yang dia perlukan dari kalian: memang dia sudah menjadi penolong untuk banyak orang, dan untuk aku juga. (TISA)

Romans 16:2 That ye receive her in the Lord, as becometh saints, and that ye assist her in whatsoever business she hath need of you: for she hath been a succourer of many, and of myself also. (KJV)

Roma 16:15 Sampaikan salamku kepada Filologus, dan Yulia, Nereus, dan saudaranya, dan Olimpas, dan semua orang suci yang bersama-sama dengan mereka. (TISA)
Romans 16:15 Salute Philologus, and Julia, Nereus, and his sister, and Olympas, and all the saints which are with them. (KJV)

SHEPHERD - GEMBALA

Arti "shepherd" adalah gembala jemaat atau pelayan Injil yang mengawasi jemaat dan mengajarkan hal-hal rohani. Yesus Kristus disebut gembala dalam Alkitab karena Dia memimpin, melindungi, dan memerintah umat Dia dan menyediakan semua keperluan untuk kesejahteraan mereka.
The meaning of "shepherd" is a pastor or minister of the gospel who oversees the congregation and teaches spiritual things. Jesus Christ is called a shepherd in the Bible because He leads, protects, and governs His people and provides for their welfare.

Yesus Kristus disebut "gembala yang baik" (Yohanes 10:14); "Gembala Agung" (1 Petrus 5:4); (Ibrani 13:20).
Jesus is spoken of as the good shepherd (John 10:14); chief shepherd (1 Peter 5:4); great shepherd (Hebrews 13:20).

Yohanes 10:14 Aku adalah gembala yang baik, dan mengenal _domba-domba_ yang Aku miliki, dan Aku dikenal oleh _domba-domba_ yang Aku miliki. (TISA)
John 10:14 I am the good shepherd, and know my sheep, and am known of mine. (KJV)

1 Petrus 5:4 Maka kamu, apabila Gembala Agung datang, kamu akan menerima mahkota kemuliaan yang tidak dapat layu. (ITB)

1 Peter 5:4 And when the chief Shepherd shall appear, ye shall receive a crown of glory that fadeth not away. (KJV)

SOLA SCRIPTURA (BAHASA LATIN) - HANYA BERDASARKAN ALKITAB

Sola scriptura (bahasa Latin artinya "hanya berdasarkan Alkitab"). Sola Scriptura adalah pernyataan yang tegas bahwa Alkitab sebagai Firman Tuhan yang tertulis, yang autentik dengan sendirinya, bisa dipahami dengan jelas oleh pembaca yang tulus, dan Alkitab menafsirkannya sendiri (konsep: "Alkitab ditafsirkan oleh ayat-ayat dalam Alkitab itu sendiri") dan Alkitab adalah otoritas tertinggi dalam keyakinan Kristen. Yang lain sama sekali tidak diperlukan! Alkitab saja cukup. Sola scriptura adalah ajaran paling dasar dalam keyakinan orang Kristen yang benar.
Sola Scriptura (Latin for "by scripture alone"). Sola Scriptura is an unequivocal statement that the Bible as the written Word of God, which is self-authenticating, can be clearly understood by sincere readers, and the Bible interprets itself (the concept: "The Bible is interpreted by the verses in the Bible itself") and the Bible is the highest authority in the Christian faith. Anything else is completely unnecessary! The Bible alone is enough. Sola scriptura is the most basic teaching in true Christian belief.

Sola scriptura berbeda dari ajaran Katolik yang palsu. Dalam ajaran Katolik mereka mengajar bahwa ada "Tradisi Suci". Alkitab hanya sebagian dari "Tradisi Suci" itu.
Sola scriptura may be contrasted with Roman Catholic and Eastern Orthodox teaching, in which doctrine is taught based on what they call the Deposit of Faith which consists of Sacred Tradition, of which the Bible is only a portion.

Princip yang utama tentang Sola Scriptura adalah otoritas yang paling tinggi dalam kekristenan adalah Alkitab. Tafsiran Alkitab atau penjelasan dari Alkitab tidak sama dengan Alkitab

itu sendiri. Otoritas hanya ada dalam Alkitab, tidak ada otoritas lain seperti tradisi atau buku-buku selain Alkitab.
The main principle about Sola Scriptura is that the highest authority in Christianity is the Bible. Bible interpretation or explanation of the Bible is not the same as the Bible itself. Authority exists only in the Bible, there is no other authority such as tradition or books other than the Bible.

Implikasi utama dari prinsip ini adalah bahwa interpretasi Kitab Suci tidak memiliki otoritas yang sama dengan Kitab Suci itu sendiri; karenanya, otoritas pastor atau diakon atau siapa pun tunduk pada koreksi oleh Kitab Suci, bahkan oleh seorang anggota Gereja secara individu yang memakai Alkitab.
The key implication of the principle is that interpretations of how to understand and apply the Scriptures do not have the same authority as the Scriptures themselves; hence, the ecclesiastical authority is subject to correction by the Scriptures, even by an individual member of the Church.

Ajaran gereja yang benar adalah bahwa otoritas hanya ada di dalam Alkitab. Alkitab saja akan menegakkan prinsip-prinsip iman, dan tidak seorang pun, bahkan seorang malaikat pun tidak bisa melakukannya.
The Baptist Church's teaching is that authority is in the Scriptures alone. God's Word shall establish articles of faith, and no one else, not even an angel can do so.

Catatan: Lihat Galatia 1:8. - Note: See Galatians 1:8.

SYNCRETISM - SINKRETISME JUGA DISEBUT PENYATUAN KEYAKINAN / PENCAMPURAN AGAMA

Sinkretisme terjadi ketika kekristenan bercampur dengan sistem kepercayaan lain, dan ibadah kepada Tuhan menjadi tercemar dan diselewengkan oleh keyakinan yang bertentangan dengan ajaran Kristen. Sinkretisme juga bisa terjadi ketika keyakinan Kristen menjadi lemah karena dibiarkan tercampur dengan keyakinan lain.

Syncretism occurs when Christianity mixes with other belief systems, and the worship of God becomes polluted and distorted by beliefs that are contrary to Christian teachings. Syncretism can also occur when Christian beliefs become weak because they are allowed to mix with other beliefs.

Sinkretisme sangat berbahaya! kekristenan bukan sistem kepercayaan yang ditambahkan pada sistem kepercayaan yang sudah ada. Kekristenan adalah perubahan kehidupan secara total, sepenuhnya baru. Kekristenan adalah kelahiran baru. Kalau kita tidak berhati-hati maka kita akan mempertahankan kepercayaan lama dalam kehidupan yang baru sebagai orang Kristen. Alkitab berbunyi: "Jadi siapa yang ada di dalam Kristus, ia adalah ciptaan baru: yang lama sudah berlalu, sesungguhnya yang baru sudah datang" (2 Korintus 5:17).

Syncretism is very dangerous! Christianity is not a belief system that is added to an existing belief system. Christianity is a total change of life, everything is completely new. Christianity is a new birth. If we are not careful we will retain our old beliefs in a new life as Christians. The Bible reads: "Therefore if any man be in Christ, he is a new creature: old things are passed away; behold, all things are become new" (2 Cor. 5:17).

TRANSUBSTANTIATION - TRANSUBSTANSIASI

Dalam agama Katolik ada ajaran sesat yang diajarkan sebagai dogma, yaitu roti dan anggur yang dipakai untuk perayaan Missa (Ekaristi) sungguh-sungguh berubah menjadi tubuh dan darah Yesus walaupun masih kelihatan sama.

In Catholicism there is a heresy that is taught as dogma, namely that the bread and wine used in the Catholic mass (Eucharist) actually turn into the body and blood of Jesus even though they still look the same.

WORSHIP - PENYEMBAHAN

Penyembahan adalah tindakan memberikan nilai yang paling tinggi kepada seseorang atau sesuatu. Penyembahan adalah penghormatan dan penyerahan diri kepada Tuhan dalam kehidupan sehari-hari, termasuk memuja, mengaku dosa, berdoa, mengucap syukur, dsb. Penyembahan kepada Tuhan adalah bagian yang paling penting dalam agama. Dalam penyembahan, doa berperan sangat penting.
Worship is the act of giving the highest value to someone or something. Worship is respect and surrender to God in daily life, consisting of adoration, confession, prayer, thanksgiving and so on. Worship of God is the most important part of religion. Prayer plays a key role in religious worship.

- KEBENARAN TENTANG PENYEMBAHAN - BIBLE TRUTHS ABOUT WORSHIP

Hanya Tuhan yang di dalam Alkitab boleh disembah (Keluaran 20:1-6; 34:14; 2 Raja-raja 17:35-37; Matius 4:10; Kisah Para Rasul 10:25, 26).
Only The Lord God Of The Bible Is To Be Worshipped (Exodus 20:1-6; 34:14; 2 Kings 17:35-37; Matthew 4:10; Acts 10:25, 26).[9]

Matius 4:10 Maka berkatalah Yesus kepada dia, Enyahlah, Setan: karena ada tertulis, Engkau harus menyembah Sang Junjungan Tuhanmu, dan kepada Dia sajalah engkau harus beribadah. (TISA)
Matthew 4:10 Then saith Jesus unto him, Get thee hence, Satan: for it is written, Thou shalt worship the Lord thy God, and him only shalt thou serve. (KJV)

---

[9] David W. Cloud, The Way of Life Encyclopedia of the Bible & Christianity (Computer CD Version 3.5), P.O. Box 610368, Port Huron, Michigan 48061-0368, Way of Life Literature, Copyright 1993, 2000.

2 Raja-raja 17:35-37 Dan Jehovah telah mengadakan perjanjian dengan mereka dan memerintah-kan mereka dengan mengatakan, Engkau tidak boleh takut kepada ilah-ilah lain, atau sujud kepadanya, atau beribadah kepadanya, dan *engkau* tidak boleh berkurban kepadanya: 36 Melainkan Jehovah yang telah mengangkat kalian keluar dari tanah Mesir dengan kekuatan yang besar dan dengan tangan yang teracung, haruslah kalian takut kepada Dia, dan sujud menyembah Dia, dan berkurban kepada Dia. 37 Dan segala ketetapan, peraturan, hukum, dan perintah yang telah Dia tuliskan untuk kalian, haruslah kalian memperhatikan serta melakukan semua itu untuk selama-lamanya; dan kalian tidak boleh takut kepada ilah-ilah lain. (TISA)

2 Kings 17:35-37 With whom the LORD had made a covenant, and charged them, saying, Ye shall not fear other gods, nor bow yourselves to them, nor serve them, nor sacrifice to them: 36 But the LORD, who brought you up out of the land of Egypt with great power and a stretched out arm, him shall ye fear, and him shall ye worship, and to him shall ye do sacrifice. 37 And the statutes, and the ordinances, and the law, and the commandment, which he wrote for you, ye shall observe to do for evermore; and ye shall not fear other gods. (KJV)

Malaikat tidak boleh disembah (Wahyu 22:8, 9).
Angels are not to be worshipped (Revelation 22:8, 9).

Wahyu 22:8, 9 Dan aku, Yohanes, melihat dan mendengar semua ini. Dan ketika aku mendengar dan melihatnya, aku tersungkur menyembah di depan kaki malaikat yang memperlihatkan semua ini kepadaku. 9 Dan dia berkata kepadaku, Camkanlah, engkau tidak boleh lakukan itu: karena aku ini hamba, sama seperti engkau dan saudara-saudaramu, para nabi, dan mereka yang memperhatikan perkataan-perkataan Kitab ini: sembahlah Tuhan. (TISA)

Revelation 22:8, 9 And I John saw these things, and heard them. And when I had heard and seen, I fell down to worship before the feet of the angel which shewed me these things. 9 Then saith he unto me, See thou do it not: for I am thy fellowservant, and of thy brethren the prophets, and of them which keep the sayings of this book: worship God. (KJV)

Yesus Kristus harus disembah.
Jesus Christ is to be worshipped.

Lihat juga: Matius 2:11; 8:2; 9:18; 14:33; 15:25; 20:20; 28:9, 17; Markus 5:6; Lukas 24:52; Yohanes 9:38; Filipi 2:9-11; Ibrani 1:6.
See also: Matthew 2:11; 8:2; 9:18; 14:33; 15:25; 20:20; 28:9, 17; Mark 5:6; Luke 24:52; John 9:38; Philippians 2:9-11; Hebrews 1:6.

Ibrani 1:6 Lagi pula, ketika Dia membawa Putra Sulung itu ke dalam dunia ini, Dia berkata: Apalagi, seharusnya semua malaikat Tuhan menyembah Dia. (TISA)
Hebrews 1:6 And again, when he bringeth in the firstbegotten into the world, he saith, And let all the angels of God worship him. (KJV)

Filipi 2:10, 11 supaya pada *saat mendengar* nama Yesus bertekuk lutut, segala yang di surga, dan di bumi, dan di bawah bumi; 11 dan setiap lidah mengaku bahwa Yesus Kristus adalah Sang Junjungan, bagi kemuliaan Tuhan Bapa. (TISA)
Philippians 2:10, 11 That at the name of Jesus every knee should bow, of things in heaven, and things in earth, and things under the earth; 11 And that every tongue should confess that Jesus Christ is Lord, to the glory of God the Father. (KJV)

Penyembahan kepada Tuhan itu sia-sia kalau berdasarkan tradisi atau keinginan manusia, bukan berdasarkan pada keingingan Tuhan yang terdapat dalam ajaran Alkitab (Matius 15:9; Markus 7:7).
Worship of God is vain if it is based on tradition or human desire, not based on God's will contained in the teachings of the Bible (Matthew 15:9; Mark 7:7).

Matius 15:8, 9 Bangsa ini memuliakan Aku dengan bibirnya, padahal hatinya jauh dari pada-Ku. 9 Percuma mereka beribadah kepada-Ku, sedangkan ajaran yang mereka ajarkan ialah perintah manusia. (ITB)
Matthew 15:8, 9 This people draweth nigh unto me with their mouth, and honoureth me with their lips; but their heart is far from me. 9 But in vain they do worship me, teaching for doctrines the commandments of men. (KJV)

Penyembahan harus dalam roh dan kebenaran (Yohanes 4:24).
Worship must be in spirit and in truth (John 4:24).[10]

Yohanes 4:23, 24 Akan tetapi waktunya sedang datang, dan sudah ada, bahwa penyembah-penyem-bah yang sejati akan menyembah Sang Bapa dalam roh dan kebenaran: memang Sang Bapa mencari orang-orang demikian untuk menyembah Dia. 24 Tuhan itu Roh: dan mereka yang menyembah Dia harus menyembah Dia dalam roh dan dalam kebenaran. (TISA)
John 4:23, 24 But the hour cometh, and now is, when the true worshippers shall worship the Father in spirit and in truth: for the Father seeketh such to worship him. 24 God is a

---

[10] David W. Cloud, The Way of Life Encyclopedia of the Bible & Christianity (Computer CD Version 3.5), P.O. Box 610368, Port Huron, Michigan 48061-0368, Way of Life Literature, Copyright 1993, 2000.

Spirit: and they that worship him must worship him in spirit and in truth. (KJV)

TOPIK: IDOLATRY – PENYEMBAHAN BERHALA

ABOMINATION - KEKEJIAN

Abomination adalah perbuatan yang menjijikkan Tuhan atau sesuatu yang memuakkan Tuhan, kususnya berhala. Arti kata berhala, "apa saja yang menghina Tuhan". Di antara benda-benda yang disebut sebagai kekejian dalam Alkitab adalah dewa-dewa orang kafir dan semua yang berkaitan dengan penyembahan kepada dewa-dewa seperti itu. Apa saja yang berhubungan dengan mistik dan sihir atau ramalan juga dipandang sebagai kekejian dan sama saja dengan pelanggaran atau dosa seksual. Kekejian harus dibenci.

Abomination is an act that disgusts God or something that is loathsome to God, especially idols. The meaning of the word idol is, "whatever insults God". Among the objects referred to as abominations in the Bible are pagan gods and all that has to do with the worship of such gods. Anything related to mysticism and sorcery or divination is also seen as an abomination and is tantamount to sexual transgression or sin, which also disgusts God. Abominations should be hated.

Ulangan 7:25, 26 Kamu harus membakar patung-patung ilah mereka dengan api. Engkau tidak boleh mengingini perak dan emas mereka, atau mengambil bagi dirimu sendiri, supaya jangan engkau terjerat olehnya, karena hal itu adalah kekejian bagi Jehovah, Tuhanmu. 26 Dan engkau tidak boleh membawa suatu kekejian ke dalam rumahmu, sehingga engkau ditakdirkan untuk kehancuran seperti itu: *melainkan* engkau harus betul-betul merasa jijik padanya, dan betul-betul membencinya; karena itu adalah suatu hal yang ditakdirkan untuk kehancuran. (TISA)

Deuteronomy 7:25, 26 The graven images of their gods shall

ye burn with fire: thou shalt not desire the silver or gold that is on them, nor take it unto thee, lest thou be snared therein: for it is an abomination to the LORD thy God. 26 Neither shalt thou bring an into thine house, lest thou be a cursed thing like it: but thou shalt utterly detest it, and thou shalt utterly abhor it; for it is a cursed thing. (KJV)

DUA HAL YANG DIPANDANG TUHAN SEBAGAI KEKEJIAN: TWO OF THE MANY THINGS THAT ARE ABOMINATIONS TO GOD:

- PENYEMBAHAN BERHALA - IDOLATRY

Ulangan 27:15 Terkutuklah orang yang membuat patung pahatan atau patung tuangan, suatu kekejian bagi TUHAN, buatan tangan seorang tukang, dan yang mendirikannya dengan tersembunyi. Dan seluruh bangsa itu haruslah menjawab: Amin! (ITB)
Deuteronomy 27:15 Cursed be the man that maketh any graven or molten image, an abomination unto the LORD, the work of the hands of the craftsman, and putteth it in a secret place. And all the people shall answer and say, Amen. (KJV)

- HOMOSEKSUALITAS / SODOMI - HOMOSEXUALITY / SODOMY

Imamat 18:22 Janganlah engkau tidur dengan laki-laki secara orang bersetubuh dengan perempuan, karena itu suatu kekejian. (ITB)
Leviticus 18:22 Thou shalt not lie with mankind, as with womankind: it is abomination. (KJV)

Imamat 20:13 Bila seorang laki-laki tidur dengan laki-laki secara orang bersetubuh dengan perempuan, jadi keduanya melakukan suatu kekejian, pastilah mereka dihukum mati dan darah mereka tertimpa kepada

mereka sendiri. (ITB)
Leviticus 20:13 If a man also lie with mankind, as he lieth with a woman, both of them have committed an abomination: they shall surely be put to death; their blood shall be upon them. (KJV)

Roma 1:21-32 karena, sekalipun mereka mengenal Tuhan, mereka tidak memuliakan Dia sebagai Tuhan, juga tidak bersyukur; melainkan menyia-nyiakannya dalam pikiran mereka, dan hati mereka yang tolol sudah digelapkan. 22 Dengan mengaku diri mereka bijak, mereka menjadi dungu, 23 dan menukar kemuliaan Tuhan yang tidak fana dengan patung yang mirip dengan manusia yang fana dan burung-burung dan binatang berkaki empat dan binatang melata. 24 Oleh karena itu Tuhan telah menyerahkan mereka ke kecemaran melalui nafsu hati mereka, untuk saling menajiskan tubuh mereka sendiri: 25 yang menukar kebenaran sejati Tuhan dengan kebohongan, juga menyembah dan melayani yang diciptakan lebih dari Sang Pencipta yang terpuji selama-lamanya. Amin. 26 Oleh karena itu Tuhan menyerahkan mereka ke hawa nafsu yang keji: memang para perempuan mereka telah mengganti cara menggunakan tubuhnya yang alami dengan cara yang berlawanan dengan yang alami: 27 dan demikian juga para lelaki, dengan meninggalkan cara yang alami menggunakan perempuan, terbakar dalam nafsu birahi mereka satu kepada yang lain; lelaki bersama lelaki melakukan perbuatan mesum dan mereka sendiri sudah menerima upah yang setimpal dengan kesesatan mereka. 28 Dan karena mereka tidak senang memunyai Tuhan dalam pengetahuan mereka, Tuhan telah menyerahkan mereka ke pola pikir yang liar, untuk melakukan hal-hal yang tidak patut; 29 mereka dipenuhi dengan segala ketidakadilan, perzinahan, kejahatan, kelobaan, kedengkian,

kecemburuan, pembunuhan, pertengkaran, penipuan, kebandelan, pergunjingan, 30 dan mereka itu pemfitnah, pembenci Tuhan, orang yang kejam, penyombong, pembual, pembuat hal-hal yang jahat, mereka itu tidak taat kepada orangtua, 31 tidak berakal, mereka itu pengingkar janji, tidak berkasih sayang, keras kepala, dan tidak berbelaskasihan: 32 mereka yang sudah mengetahui penghakiman Tuhan, yaitu orang yang melakukan hal-hal demikian layak dihukum mati, mereka bukan hanya melakukan hal-hal itu, tetapi mereka juga senang kepada orang-orang yang melakukannya. (TISA)

Romans 1:21-32 Because that, when they knew God, they glorified him not as God, neither were thankful; but became vain in their imaginations, and their foolish heart was darkened. 22 Professing themselves to be wise, they became fools, 23 And changed the glory of the uncorruptible God into an image made like to corruptible man, and to birds, and fourfooted beasts, and creeping things. 24 Wherefore God also gave them up to uncleanness through the lusts of their own hearts, to dishonour their own bodies between themselves: 25 Who changed the truth of God into a lie, and worshipped and served the creature more than the Creator, who is blessed for ever. Amen. 26 For this cause God gave them up unto vile affections: for even their women did change the natural use into that which is against nature: 27 And likewise also the men, leaving the natural use of the woman, burned in their lust one toward another; men with men working that which is unseemly, and receiving in themselves that recompence of their error which was meet. 28 And even as they did not like to retain God in their knowledge, God gave them over to a reprobate mind, to do those things which are not convenient; 29 Being filled with all unrighteousness, fornication, wickedness, covetousness, maliciousness; full of envy, murder, debate, deceit, malignity; whisperers, 30 Backbiters, haters of God, despiteful, proud, boasters, inventors of evil things, disobedient to parents, 31 Without understanding, covenantbreakers, without natural affection, implacable, unmerciful: 32 Who knowing the judgment of God, that they which commit such things are worthy of death, not only do the same, but have pleasure in them that do them. (KJV)

Alkitab sangat jelas tentang hal-hal yang dibenci Tuhan. Ada beberapa hal lagi yang dibenci Tuhan dan dinyatakan oleh Alkitab yang dipandang Tuhan sebagai kekejian. Anda bisa menyelidiki sendiri.
The Scriptures are very clear on the things God hates. There are several other matters in scripture that are hated by God and considered abominations by God. You may want to research them on your own.

Catatan: Lihat Amsal 6:16; Yesaya 61:18; Zakharia 8:17; Wahyu 2:6, 15.
Note: See Proverbs 6:16; Isaiah 61:18; Zechariah 8:17; Revelation 2:6, 15.

ANIMISM - ANIMISME

Animisme adalah kepercayaan bahwa ada roh-roh yang bukan manusia yang ada di dalam benda-benda seperti batu, pohon, dan benda-benda lain. Sering roh-roh itu harus ditenangkan dengan sesajen atau penyembahan supaya mereka senang dan tidak mengganggu manusia. Animisme mungkin juga beranggapan bahwa benda-benda (air terjun, pohon besar, dsb.), tempat-tempat tertentu (seperti gunung, jembatan, laut, dsb.), dan bahkan barang-barang (keris, cincin, patung, dsb.), ada rohnya.
Animism is the belief that non-human spirits exist within things such as rocks, trees, and other objects. Often the spirits must be appeased by offerings or worship so that they are happy and do not disturb humans. Animists may also think that natural things

(waterfalls, big trees, etc.), certain places (such as mountains, bridges, seas, etc.), and even man-made things (keris, rings, statues, etc.), there is a spirit.

APOSTASY - KEMURTADAN

Kemurtadan adalah istilah yang berarti mengingkari ajaran agamanya. Kemurtadan adalah putusnya hubungan secara resmi dengan agamanya, apa pun alasannya. Pembelotan dari keyakinan seseorang. Istilah "kemurtadan" juga artinya penolakan dan pengingkaran terhadap ajaran agama sebelumnya.
Apostasy is a term which means to deny the teachings of one's religion. Apostasy is an official break with one's religion, for whatever reason. A defection from one's beliefs. The term "apostasy" also means rejection and denial of previous religious teachings.

Banyak kelompok agama menghukum anggota jemaatnya yang murtad. Gereja Katolik bisa mengucilkan umatnya yang mengingkari ajaran Katolik dan dalam agama Islam ada hukuman mati untuk pelanggarnya.
Many religious groups punish apostate members of their congregations. The Catholic Church can excommunicate its people who deny Catholic teachings and in Islam there is even a death penalty for violators.

2 Timotius 4:10 karena Demas telah mencintai dunia ini dan meninggalkan aku. Ia telah berangkat ke Tesalonika. Kreskes telah pergi ke Galatia dan Titus ke Dalmatia. (ITB)
2 Timothy 4:10 For Demas hath forsaken me, having loved this present world, and is departed unto Thessalonica; Crescens to Galatia, Titus unto Dalmatia. (KJV)

2 Petrus 2:15 Oleh karena mereka telah meninggalkan

jalan yang benar, maka tersesatlah mereka, lalu mengikuti jalan Bileam, anak Beor, yang suka menerima upah untuk perbuatan-perbuatan yang jahat. (ITB)
2 Peter 2:15 Which have forsaken the right way, and are gone astray, following the way of Balaam the son of Bosor, who loved the wages of unrighteousness; (KJV)

Yoshua 24:16 Lalu bangsa itu menjawab: Jauhlah dari pada kami meninggalkan Tuhan untuk beribadah kepada ilah-ilah lain; (TISA)
Joshua 24:16 And the people answered and said, God forbid that we should forsake the LORD, to serve other gods; (KJV)

Yesaya 1:28 Tetapi orang-orang yang memberontak dan orang-orang berdosa akan dihancurkan bersama, dan orang-orang yang meninggalkan TUHAN akan habis lenyap. (ITB)
Isaiah 1:28 And the destruction of the transgressors and of the sinners shall be together, and they that forsake the LORD shall be consumed. (KJV)

DIVINE (ADJ.) - ILAHI (KATA SIFAT).

1. Bersifat ilahi. Memiliki keilahian.
1. Something divine. Having divinity.
2. Diyakini sebagai Tuhan.
2. Believed to be God.
3. Bersumber pada Tuhan; contohnya hukuman ilahi.
3. Sourced from God; such as divine punishment.
4. Seperti Tuhan. Surgawi. Keunggulan pada tingkat tertinggi. Luar biasa. Jauh di atas perbuatan manusia.
4. Godlike. Heavenly. Excellence at the highest level. Extraordinary. Far above human action.
5. Sesuatu yang hanya untuk Tuhan, atau sesuatu untuk menyatakan kemuliaan Tuhan. Contoh: pelayanan ilahi, nyanyian ilahi, penyembahan ilahi.

5. Something only for God, or something to reveal God's glory. Examples: divine service, divine singing, divine worship.

EVIL - KEJAHATAN

Dalam Alkitab ada hubungan antara kebaikan dan cahaya, juga antara kejahatan dan kegelapan.
In the Bible there is a relationship between good and light, as well as between evil and darkness.

Yohanes 3:19-21 Dan inilah penghakiman itu, bahwa cahaya telah datang ke dalam dunia, dan manusia lebih mengasihi kegelapan daripada cahaya, karena perbuatan-perbuatan mereka jahat. 20 Memang semua orang yang melakukan kejahatan membenci cahaya, dan tidak datang ke cahaya, supaya perbuatan-perbuatannya tidak dikecam. 21 Akan tetapi dia yang melakukan kebenaran sejati datang ke cahaya, supaya perbuatan-perbuatannya ditampakkan, karena perbuatan-perbuatan itu dikerjakan dalam Tuhan. (TISA)
John 3:19-21 And this is the condemnation, that light is come into the world, and men loved darkness rather than light, because their deeds were evil. 20 For every one that doeth evil hateth the light, neither cometh to the light, lest his deeds should be reproved. 21 But he that doeth truth cometh to the light, that his deeds may be made manifest, that they are wrought in God. (KJV)

Mari kita lanjutkan kiasan tentang cahaya dan kegelapan dibandingkan dengan kebaikan dan kejahatan. Cahaya itu tenaga. Kegelapan adalah tidakadanya tenaga cahaya. Tuhan adalah tenaga kebaikan dan secara sederhana kejahatan adalah tidakadanya Tuhan. Kejahatan tidak bisa mengalahkan kebaikan sama dengan kegelapan tidak bisa mengalahkan cahaya. Kalau ada ruang yang gelap dan lampu dinyalakan,

kegelapan pasti hilang ketika ada cahaya!
We can continue a little further with the metaphor of light and darkness versus good and evil. Light is energy. Darkness is the absence of light energy. God is the force of good and evil is simply the absence of God. Evil cannot overcome good in the same way that darkness cannot overcome light. If there is a dark room and the lights are on, the darkness must disappear when there is light!

Inilah alasan mengapa setiap kali Tuhan tidak berada dalam suatu situasi, situasi itu segera penuh dengan kejahatan. Kapan saja kita menghilangkan cahaya, akan ada kegelapan.
This is the reason why whenever God is not in a situation, the situation is immediately filled with evil. Whenever we remove light, there will be darkness.

1 Yohanes 1:5 Dan inilah, pesan yang sudah kami dengar dari Dia, dan yang kami kabarkan kepada kalian, yaitu Tuhan itu cahaya, dan di dalam Dia tidak ada kegelapan sama sekali. (TISA)
1 John 1:5 This then is the message which we have heard of him, and declare unto you, that God is light, and in him is no darkness at all. (KJV)

Yakobus 4:7 Oleh karena itu tunduklah diri kalian kepada Tuhan. Lawanlah si iblis, maka dia akan lari dari pada kalian. (TISA)
James 4:7 Submit yourselves therefore to God. Resist the devil, and he will flee from you. (KJV)

Oleh karena kita diperintahkan melalui Alkitab untuk menjadi anak-anak cahaya, jadi kejahatan atau kegelapan pasti tidak pantas bagi anak-anak Tuhan!
Since we are commanded through the Bible to be children of light, neither evil nor darkness is befitting God's children!

Efesus 5:8 Memang dahulu kamu adalah kegelapan,

tetapi sekarang kamu adalah terang di dalam Tuhan. Sebab itu hiduplah sebagai anak-anak terang, (ITB)
Ephesians 5:8 For ye were sometimes darkness, but now are ye light in the Lord: walk as children of light: (KJV)

1 Tesalonika 5:5 karena kamu semua adalah anak-anak terang dan anak-anak siang. Kita bukanlah orang-orang malam atau orang-orang kegelapan. (ITB)
1 Thessalonians 5:5 Ye are all the children of light, and the children of the day: we are not of the night, nor of darkness. (KJV)

Efesus 5:11 Janganlah turut mengambil bagian dalam perbuatan-perbuatan kegelapan yang tidak berbuahkan apa-apa, tetapi sebaliknya telanjangilah perbuatan-perbuatan itu. (ITB)
Ephesians 5:11 And have no fellowship with the unfruitful works of darkness, but rather reprove them. (KJV)

1 Petrus 3:9-12 dan janganlah membalas kejahatan dengan kejahatan, atau caci maki dengan caci maki, tetapi sebaliknya, hendaklah kamu memberkati, karena untuk itulah kamu dipanggil, yaitu untuk memperoleh berkat. Sebab: 10 "Siapa yang mau mencintai hidup dan mau melihat hari-hari baik, ia harus menjaga lidahnya terhadap yang jahat dan bibirnya terhadap ucapan-ucapan yang menipu. 11 Ia harus menjauhi yang jahat dan melakukan yang baik, ia harus mencari pendamaian dan berusaha mendapatkannya. 12 Sebab mata Tuhan tertuju kepada orang-orang benar, dan telinga-Nya kepada permohonan mereka yang minta tolong, tetapi wajah Tuhan menentang orang-orang yang berbuat jahat. (ITB)
1 Peter 3:9-12 Not rendering evil for evil, or railing for railing: but contrariwise blessing; knowing that ye are thereunto called, that ye should inherit a blessing. 10 For he

that will love life, and see good days, let him refrain his tongue from evil, and his lips that they speak no guile: 11 Let him eschew evil, and do good; let him seek peace, and ensue it. 12 For the eyes of the Lord are over the righteous, and his ears are open unto their prayers: but the face of the Lord is against them that do evil. (KJV)

GODHEAD - KETUHANAN

Ketuhanan, keilahan, sifat ilahi yang dikenakan kepada Tuhan.
Godship; deity; divinity; divine nature applied to the true God.

Sebagai orang Kristen yang sudah lahir lagi dan anak-anak Tuhan, kita tidak boleh menganggap Tuhan sebagai berhala yang dibuat oleh usaha manusia. Kita harus memikirkan Tuhan sebagai pencipta kita yang memberi kita kehidupan dan kehendak bebas dan kita harus mencari Dia dan mempelajari jalan-jalan-Nya.
As born-again Christians and children of God we should not think of God as an idol made by man's efforts. We must think of Him as our creator who gave us life and free will and we must seek after Him and learn His ways.

Kisah Para Rasul 17:29 Jadi, karena kita adalah keturunan Tuhan, kita tidak boleh berpikir, bahwa ketuhanan itu serupa emas atau perak atau batu, yang diukir dengan seni dan gagasan manusia. (TISA)
Acts 17:29 Forasmuch then as we are the offspring of God, we ought not to think that the Godhead is like unto gold, or silver, or stone, graven by art and man's device. (KJV)

Atribut dan kekuatan Tuhan tidak seperti berhala atau imajinasi manusia. Satu-satunya cara untuk mengetahui bagaimana berpikir tentang Tuhan adalah dengan mempelajari semua atribut-Nya yang diungkapkan di dalam Alkitab. Sebagai makhluk ciptaan Tuhan, kita pada hakikatnya

(secara naluriah) tahu bahwa Dia berkuasa selamanya:
The attributes and power of God are nothing like an idol or a man's imagination. The only way to know how to think about God is to study all of His attributes that are revealed in the Bible. As God's created beings, we instinctively know that He is eternally powerful:

Roma 1:20 Memang hal-hal tentang Dia yang tidak kelihatan, yaitu baik kuasa-Nya yang kekal maupun ketuhanan-Nya, sudah dilihat dengan jelas sejak penciptaan dunia, dan dipahami oleh yang diciptakan sehingga tidak ada yang bisa berdalih: (TISA)
Romans 1:20 For the invisible things of him from the creation of the world are clearly seen, being understood by the things that are made, even his eternal power and Godhead; so that they are without excuse: (KJV)

Di dalam Yesus Kristus ada semua atribut dan kuasa Tuhan. Hanya Yesus yang layak dipuji dan disembah:
In Jesus Christ there is all of the attributes and power of God. Only He is worthy of our praise and worship:

Kolose 2:8, 9 Berhati-hatilah supaya tidak ada yang memangsa engkau, melalui filsafat dan penipuan sia-sia, menurut tradisi manusia, menurut princip-princip dasar dunia, yang memang tidak menurut Kristus. 9 Oleh karena dalam Dialah berdiam seluruh kepenuhan ketuhanan secara jasmani. (TISA)
Colossians 2:8, 9 Beware lest any man spoil you through philosophy and vain deceit, after the tradition of men, after the rudiments of the world, and not after Christ. 9 For in him dwelleth all the fulness of the Godhead bodily. (KJV)

IDOL - BERHALA

Berhala adalah patung atau apa saja yang disembah sebagai Tuhan. Sejak dulu kala batu meteor dianggap sebagai dewa

yang datang dari surga. **Berdasarkan kepercayaan itu mereka menyembah batu-batu besar dan tiang yang dibuat dari batu atau kayu, yang mereka duga dewa tinggal di situ.**
Idols are statues or anything that is worshiped instead of God. Since time immemorial meteor stones were considered as gods who came from heaven. Based on this belief, they worshiped large stones and pillars made of stone or wood, in which the gods were thouight to live.

1. Patung, wujud, atau lambang yang biasanya berupa orang atau binatang (benda bernyawa) yang dikeramatkan sebagai sesuatu yang harus disembah. Biasanya berhala dibuat dari kayu, batu, atau dari logam khusus seperti perak atau emas.
1. A statue, form, or symbol which is usually a person or animal (animate object) that is consecrated as something that must be worshiped. Usually idols are made of wood, stone, or made of metals such as silver or gold.
2. Rupa atau gambar
2. Image or picture
3. Seseorang yang dipuja sebagai sesembahan.
3. One who is worshiped as a deity.
4. Apa saja yang dipuja sebagai sesembahan.
4. Anything that is worshiped as an idol.

1 Yohanes 5:21 Anak-anakku, waspadalah terhadap segala berhala. (ITB)
1 John 5:21. Little children, keep yourselves from idols. (KJV)

Yesaya 2:18 Dan berhala-berhala akan Dia hilangkan sama sekali. (TISA)
Isaiah 2:18 And the idols he shall utterly abolish. (KJV)

Berhala adalah apa saja yang merampas tempat Tuhan dalam hati orang yang diciptakan-Nya.
Idols are anything that takes God's place in the hearts of those He

created.

IDOLATRY - PENYEMBAHAN BERHALA

Penyembahan kepada patung, sesuatu, lambang, atau penghormatan ilahi yang diberikan kepada apa saja buatan manusia. Rasul Paulus menjelaskan asal mula penyembahan berhala dalam kitab Roma 1:21-25. Dalam Roma 1:28 orang-orang meninggalkan Tuhan dan jatuh ke dalam ketidaktahuan dan korupsi moral.

Worship of an image, thing, symbol, or divine veneration given to anything man-made. The apostle Paul explains the origin of idolatry in Romans 1:21-25: in Romans 1:28 people leave God and fall into ignorance and moral corruption.

Roma 1:23 dan menukar kemuliaan Tuhan yang tidak fana dengan patung yang mirip dengan manusia yang fana dan burung-burung dan binatang berkaki empat dan binatang melata. (TISA)

Romans 1:23 And changed the glory of the uncorruptible God into an image made like to corruptible man, and to birds, and fourfooted beasts, and creeping things. (KJV)

Roma 1:28 Dan karena mereka tidak senang mempunyai Tuhan dalam pengetahuan mereka, Tuhan telah menyerahkan mereka ke pola pikir yang liar, untuk melakukan hal-hal yang tidak patut; (TISA)

Romans 1:28 And even as they did not like to retain God in their knowledge, God gave them over to a reprobate mind, to do those things which are not convenient; (KJV)

Bentuk-bentuk penyembahan berhala:
The forms of idolatry are:

(1) Penyembahan kepada benda-benda bumi seperti pohon, sungai, bukit, gunung, batu, dsb.

(1) Worship of earthly objects such as trees, rivers, hills, mountains, stones, etc.

(2) Penyembahan kepada benda-benda langit seperti matahari, bulan, dan bintang yang dianggap sebagai kekuatan alam.

(2) Worship of celestial bodies such as the sun, moon, and stars which are considered as forces of nature.

(3) Penyembahan kepada pahlawan dan roh nenek moyang.

(3) Worship of heroes and ancestral spirits.

(4) Penyembahan kepada Tuhan khayalan sendiri.

(4) Worship of an imaginary God.

Dalam Alkitab penyembahan berhala dimulai oleh orang yang bukan Kristen, dan penyembahan berhala di antara orang Yahudi dimulai ketika mereka berhubungan dengan bangsa bukan Yahudi.

In the Bible idolatry began with non-Christians, and idolatry among the Jews began when they came into contact with the Gentiles.

Keluaran 20:1-5 Dan Tuhan mengucapkan segala firman ini, dengan mengatakan, 2 Akulah Jehovah, Tuhan engkau yang membawa engkau keluar tanah Mesir, dari rumah perbudakan: 3 Tidak boleh ada ilah-ilah lain di hadapan Aku. 4 Tidak boleh membuat untuk engkau patung berhala, atau apa pun yang yang menyerupai apa saja yang ada di langit di atas, atau yang ada di bumi di bawah, atau yang ada di dalam air di bawah bumi: 5 engkau tidak boleh sujud kepada mereka, atau melayani mereka: karena Akulah Yehovah, Tuhan engkau, adalah Tuhan yang cemburu, yang membalaskan kesalahan bapa-bapa kepada anak-anaknya, kepada generasi ketiga dan keempat dari mereka yang membenci Aku; (TISA)

Exodus 20:1-5 And God spake all these words, saying, 2 I am the LORD thy God, which have brought thee out of the land of Egypt, out of the house of bondage. 3 Thou shalt have no other gods before me. 4 Thou shalt not make unto thee any graven image, or any likeness of any thing that is in heaven above, or that is in the earth beneath, or that is in the water under the earth: 5 Thou shalt not bow down thyself to them, nor serve them: for I the LORD thy God am a jealous God, visiting the iniquity of the fathers upon the children unto the third and fourth generation of them that hate me; (KJV)

- PENYEMBAHAN BERHALA MASA KINI - MODERN DAY IDOL WORSHIP

Pada masa kini penyembahan kepada Tuhan khayalan sendiri sangat biasa. Bentuk penyembahan berhala ini biasanya tanpa disadari, tetapi penyembahan berhala seperti ini jauh lebih biasa daripada penyembahan berhala yang lain. Apa saja yang dipercayai orang sebagai Tuhan adalah berhala kalau sifat-sifatnya berbeda dari sifat-sifat Tuhan yang dijelaskan dalam Alkitab. Kebanyakan orang punya kepercayaan akan Tuhan yang tidak benar. Banyak orang yang mengaku beragama Kristen menyembah Tuhan yang dikhayalkan dalam pikiran mereka sendiri.

Today the worship of an imaginary God is very common. This form of idolatry is usually unconscious, but it is much more common than other idolatry. Anything that people believe to be God is an idol if its attributes are different from the attributes of God described in the Bible. Most people have an untrue belief in God. Many professed Christians worship a God that they have imagined in their own minds.

Penyembah berhala pada masa kini seperti ini tidak membaca Alkitab dan tidak coba belajar tentang Tuhan. Mereka hanya mendengar khotbah sedikit dan mereka mengira Tuhan akan menerima mereka karena mereka adalah "orang baik". Mereka pikir bahwa Tuhan tidak akan menghukum mereka di neraka karena mereka berusaha hidup baik. Mereka tahu bahwa

mereka berdosa tetapi mereka pikir hal itu tidak menjadi masalah bagi Tuhan karena mereka lebih baik daripada kebanyakan orang, atau karena mereka mencoba melakukan banyak perbuatan baik.

Today's idol worshippers don't read the Bible and don't try to learn about God. They've only heard a few sermons and they think that God will accept them because they are "good people". They think that God will not punish them in hell because they try to live a good life. They know they are sinners but they think it doesn't matter to God because they are better than most people, or because they try to do a lot of good deeds.

Sifat-sifat yang mereka berikan kepada Tuhan khayalan sendiri sebetulnya tidak benar. Tuhan yang mereka percayai sebetulnya bukan Tuhan yang sebenarnya. Tuhan seperti ini adalah Tuhan yang mereka ciptakan sendiri melalui khayalan mereka. Oleh karena mereka percaya kepada Tuhan yang mereka khayalkan itu, pasti mereka membuat jalannya sendiri ke neraka. Ironisnya, mereka menciptakan Tuhan mereka sendiri yang tidak benar, tetapi yang pasti mereka menciptakan jalan ke neraka. Penyembahan kepada Tuhan khayalan seperti ini adalah penyembahan berhala yang akan mengantarkan mereka tinggal di neraka selama-lamanya. Penyembahan berhala pada masa kini sangat berbahaya karena mereka tidak menyadari bahwa mereka menyembah berhala.

The qualities they give to the God that they themselves have imagined are simply not true. The God they believe in is not the real God. This kind of God is a God that they have created through their imagination. Because they believed in the God they have imagined, they have actually made their own way to hell. Ironically, by creating their own false God, they created a way to hell that is certain. Worshiping an imaginary God like this is idolatry that will lead people to living in hell forever. Idolatry today is very dangerous because they do not realize that they are worshiping an idol.

Ulangan 8:19 Dan kalau kalian memang melupakan Yehovah, Tuhan engkau, dan mengikuti ilah-ilah lain, dan melayaninya, dan beribadah kepadanya, maka aku mengingatkan terhadap kalian hari ini, bahwa kalian pasti binasa. (TISA)
Deuteronomy 8:19 And it shall be, if thou do at all forget the LORD thy God, and walk after other gods, and serve them, and worship them, I testify against you this day that ye shall surely perish. (KJV)

Kisah Para Rasul 7:41 Pada waktu itu mereka membuat patung anak lembu, dan membawa kurban kepada berhala itu, dan bersukaria atas apa yang dibuat oleh tangan mereka sendiri. (MB)
Acts 7:41 And they made a calf in those days, and offered sacrifice unto the idol, and rejoiced7 in the works of their own hands. (KJV)

Roma 1:21 karena, sekalipun mereka mengenal Tuhan, mereka tidak memuliakan Dia sebagai Tuhan, juga tidak bersyukur; melainkan menyia-nyiakannya dalam pikiran mereka, dan hati mereka yang tolol sudah digelapkan. (TISA)
Romans 1:21 Because that, when they knew God, they glorified him not as God, neither were thankful; but became vain in their imaginations, and their foolish heart was darkened. (KJV)

INCARNATION - PENJELMAAN

Secara umum penjelmaan adalah pewujudan pribadi yang tidak tampak. Dalam kekristenan ada penjelmaan Tuhan menjadi manusia. Penjelmaan itu adalah Yesus Kristus. Yesus Kristus adalah 100% Tuhan dan 100% manusia. Oknum Tuhan disatukan dengan wujud manusia. Sifat keilahian dan sifat kemanusiaan tidak bercampur di dalam Dia tetapi dua-duanya

ada bersama-sama, dan terus-menerus, dan kekal.
In general an incarnation is the personal manifestation of an invisible being. In Christianity there is the incarnation of God into man. That incarnation is Jesus Christ. Jesus Christ is 100% God and 100% human. The person of God is united with the human form. Divinity and human nature are not mixed in Him but both exist together, and are perpetual, and eternal.

Pribadi ilahi dipersatukan dengan manusia. Kesatuan itu bersifat hipostatis, yaitu bersifat pribadi; kedua kodrat itu tidak bercampur dan abadi (Kisah Para Rasul 20:28; Roma 8:32; 1 Korintus 2:8; Ibrani 2:11-18; 1 Timotius 3:16; Galatia 4:4).
A Divine Person was united to a human nature. The union is hypostatical, i.e., is personal; the two natures are not mixed or confounded, and it is perpetual (Acts 20:28; Romans 8:32; 1 Corinthians 2:8; Hebrews 2:11-18; 1 Timothy 3:16; Galatians 4:4).

Ibrani 2:14-18 Jadi, oleh karena anak-anak ini terdiri dari daging dan darah, maka Dia sendiri juga mengambil bagian dari keadaan itu; supaya melalui kematian-Nya, Dia memusnahkan yang berkuasa atas maut, yaitu si iblis; **15** dan *dengan demikian Dia* membebaskan mereka yang seumur hidupnya berada dalam perbudakan melalui ketakutan akan kematian. **16** Oleh karena Dia memang tidak mengambil *wujud* malaikat; melainkan *dia* mengambil wujud keturunan Abraham. **17** Oleh karena dalam segala hal Dia diwajibkan untuk disamakan dengan saudara-saudara-Nya, supaya Dia bisa menjadi Imam Besar yang rahmat dan setia dalam segala hal yang *berhubungan* dengan Tuhan, dan membuat pendamaian untuk dosa seluruh bangsa. **18** Memang oleh karena Dia sendiri telah menderita ketika dicobai, maka Dia mampu menolong mereka yang dicobai. **(TISA)**
Hebrews 2:14-18 Forasmuch then as the children are

partakers of flesh and blood, he also himself likewise took part of the same; that through death he might destroy him that had the power of death, that is, the devil; 15 And deliver them who through fear of death were all their lifetime subject to bondage. 16 For verily he took not on *him the nature of* angels; but he took on *him* the seed of Abraham. 17 Wherefore in all things it behoved him to be made like unto *his* brethren, that he might be a merciful and faithful high priest in things *pertaining* to God, to make reconciliation for the sins of the people. 18 For in that he himself hath suffered being tempted, he is able to succour them that are tempted. (KJV)

1 Timotius 3:16 Dan, tanpa perbantahan, betapa agung adalah misteri tentang keilahian: *yaitu* Tuhan telah dinyatakan dalam daging, dibenarkan dalam Roh, terlihat oleh para malaikat, diberitakan kepada orang-orang bukan Yahudi, dipercaya dalam dunia, diangkat di dalam kemuliaan. (TISA)
1 Timothy 3:16 And without controversy great is the mystery of godliness: God was manifest in the flesh, justified in the Spirit, seen of angels, preached unto the Gentiles, believed on in the world, received up into glory. (KJV)

MESSIAH AND CHRIST - MESIAS DAN KRISTUS

Kata "Mesias" dalam bahasa Ibrani dan kata "Kristus" dalam bahasa Yunani, dua duanya artinya "Yang Diurapi". Kata Mesias, di seluruh Alkitab KJV, hanya disebutkan dua kali yaitu dalam kitab Daniel 9:25, 26 . Kata Mesias, di seluruh Alkitab ITB, disebutkan 47 kali tetapi nol kali dalam Perjanjian Lama dan 47 kali dalam Perjanjian Baru. Kata Kristus, di seluruh Alkitab KJV, disebutkan 571 kali dalam Perjanjian baru dan 0 kali dalam Perjanjian Lama. Kata Mesias, di seluruh Alkitab ITB, disebutkan 501 kali tetapi nol kali dalam Perjanjian

Lama. Dalam Perjanjian Baru Yesus adalah "Yang Diurapi" sebagai nabi, imam, dan raja pada waktu yang sama. The word "Messiah" in Hebrew and the word "Christ" in Greek both mean "Anointed One". The word Messiah, throughout the Bible KJV, is only mentioned twice in Daniel 9:25, 26 . The word Messiah, throughout the Bible ITB, is mentioned 47 times but zero times in the Old Testament and 47 times in the New Testament. The word Christ, throughout the Bible KJV, is mentioned 571 times in the New Testament and zero times in the Old Testament. The word Messiah, throughout the Bible ITB, is mentioned 501 times but zero times in the Old Testament. In the New Testament Jesus is the "Anointed One" as prophet, priest, and king at the same time.

Daniel 9:25, 26 Maka ketahuilah dan pahamilah: dari saat firman itu keluar, yakni bahwa Yeru-salem akan dipulihkan dan dibangun kembali, sampai pada kedatangan seorang yang diurapi, seorang raja, ada tujuh kali tujuh masa; dan enam puluh dua kali tujuh masa lamanya kota itu akan dibangun kembali dengan tanah lapang dan paritnya, tetapi di tengah-tengah kesulitan. 26 Sesudah keenam puluh dua kali tujuh masa itu akan disingkirkan seorang yang telah diurapi, padahal tidak ada salahnya apa-apa. Maka datanglah rakyat seorang raja memusnahkan kota dan tempat kudus itu, tetapi raja itu akan menemui ajalnya dalam air bah; dan sampai pada akhir zaman akan ada peperangan dan pemusnahan, seperti yang telah ditetapkan. (ITB)

Daniel 9:25, 26 Know therefore and understand, that from the going forth of the commandment to restore and to build Jerusalem unto the Messiah the Prince shall be seven weeks, and threescore and two weeks: the street shall be built again, and the wall, even in troublous times. 26 And after threescore and two weeks shall Messiah be cut off, but not for himself: and the people of the prince that shall come shall destroy the city and the sanctuary; and the end thereof shall be with a flood, and unto the end of the war desolations are determined. (KJV)

Yohanes 1:41 Mula-mula dia menemui Simon, saudara laki-lakinya, dan berkata kepada dia, Kami telah bertemu dengan Mesias, yang diterjemahkan Kristus. (TISA)
John 1:41 He first findeth his own brother Simon, and saith unto him, We have found the Messias, which is, being interpreted, the Christ. (KJV)

Yohanes 4:25 Wanita itu berkata kepada Dia, Aku tahu, bahwa Mesias, yang disebut Kristus, akan datang: apabila Dia datang, Dia akan memberitakan semua hal kepada kami. (TISA)
John 4:25 The woman saith unto him, I know that Messias cometh, which is called Christ: when he is come, he will tell us all things. (KJV)

Kata "Kristus" adalah gelar resmi Yesus, disebutkan lebih dari 500 kali dalam Perjanjian Baru. Yesus Kristus adalah yang diurapi. Gelar itu artinya yang diurapi atau yang dikhususkan untuk perkerjaan agung-Nya sebagai nabi, imam dan raja untuk umat-Nya (Kisah Para Rasul 17:3; 18:5; Matius 22:42).
The word "Christ" is Jesus' official title, mentioned more than 500 times in the New Testament. Jesus Christ is the anointed one. The title means the anointed or reserved for His great work as prophet, priest and king for His people (Acts 17:3; 18:5; Matthew 22:42).

Dalam Perjanjian Lama ada banyak nubuat tentang Penyelamat Agung dan pekerjaan yang akan Dia selesaikan. Yesus Kristus adalah Penyelamat Agung yang diurapi dan Juruselamat umat manusia.
In the Old Testament there are many prophecies about the Great Deliverer and the work He would accomplish. Jesus Christ is the anointed Great Deliverer and Saviour of mankind.

Kalau seseorang percaya bahwa Yesus adalah Kristus berarti percaya juga bahwa Dia adalah Mesias, Juruselamat, dan bahwa semua yang Dia nyatakan itu benar. Jadi, kalau seseorang percaya pada semua itu yaitu tentang Yesus Kristus, mereka juga harus percaya pada Injil. Hanya dengan iman umat manusia bisa datang ke Tuhan. Bahwa Yesus adalah Kristus dinyatakan oleh Tuhan dan kalau seseorang yakin akan hal ini, dia adalah seorang Kristen (1 Korintus 12:3; 1 Yohanes 5:1).

If one believes that Jesus is the Christ, one also believes that He is the Messiah, the Saviour, and that everything He says is true. So, if someone believes in all of that concerning Jesus Christ, they must also believe in the gospel. Only by faith can mankind come to God. That Jesus is the Christ is revealed by God and if a person believes in this, he is a Christian (1 Corinthians 12:3; 1 John 5:1).

SAVIOUR ATAU SAVIOR - JURUSELAMAT

Juruselamat adalah seseorang yang menyelamatkan atau penyelamat. Ada dua macam penyelamat. Ada penyelamat yang menyelamatkan dari bahaya dan ada penyelamat yang menyelamatkan dari hukuman dosa. Penyelamat yang menyelamatkan dari hukuman dosa adalah Juruselamat. Gelar "Juruselamat" hanya layak untuk Yesus Kristus, Penebus, yang membuka jalan ke kehidupan kekal melalui ketaatan-Nya dan kematian-Nya, dan oleh karena itu Yesus layak disebut Penyelamat atau Juruselamat.

The Saviour is someone who saves or preserves. There are two kinds of saviours. There is a saviour who saves from danger and there is a saviour who saves from the punishment of sin. The One who saves from the penalty of sin is the "Saviour". The title "Saviour" is only worthy of Jesus Christ, the Redeemer, who opened the way to eternal life through His obedience and His death, and therefore Jesus deserves to be called the Saviour.

SON OF GOD - PUTRA TUHAN

Gelar "Putra Tuhan" diberikan kepada Yesus berkaitan dengan ketuhanan Dia dan juga berkaitan dengan kesamaan dan keesaan Dia dengan Tuhan Bapa dan Roh Kudus.
The title "Son of God" was given to Jesus in connection with His deity and also with regard to His sameness and oneness with God the Father and the Holy Spirit.

Lukas 1:35 Dan malaikat itu menjawab dan berkata kepada dia, Roh Kudus akan datang ke atas engkau, dan kuasa Yang Mahatinggi akan menaungi engkau; karena itu pun *anak* yang kudus yang akan engkau lahirkan akan disebut Putra Tuhan. (TISA)
Luke 1:35 And the angel answered and said unto her, The Holy Ghost shall come upon thee, and the power of the Highest shall overshadow thee: therefore also that holy thing which shall be born of thee shall be called the Son of God. (KJV)

Tuhan Yesus yaitu Putra Tuhan adalah pribadi kedua Tritunggal karena hubungan kekal-Nya dengan Pribadi pertama, Yaitu Tuhan Bapa (Yohanes 5:18; 10:31-33; Filipi 2:5, 6).
The Lord Jesus Christ, the Son of God, is the second person of the Trinity because of His eternal relationship with the first Person, namely God the Father (John 5:18; 10:31-33; Philippians 2:5, 6).

Yohanes 5:18 Jadi, karena hal itu, kaum Yahudi makin berusaha membunuh Dia, karena bukan saja Dia melanggar sabat, tetapi juga menyebut Tuhan sebagai Bapa-Nya,, yang membuat diri-Nya setara dengan Tuhan. (TISA)
John 5:18 Therefore the Jews sought the more to kill him, because he not only had broken the sabbath, but said also

that God was his Father, making himself equal with God. (KJV)

Yohanes 10:31-33 Lalu kaum Yahudi mengambil batu lagi untuk merajam Dia. 32 Yesus menjawab mereka, Banyak pekerjaan baik dari Bapa-Ku, sudah Aku perlihatkan kepada kalian; untuk pekerjaan yang mana kalian hendak merajam Aku? 33 Kaum Yahudi menjawab Dia, dengan berkata, Kami tidak merajam Engkau karena pekerjaan baik; melainkan karena penghujatan; dan karena Engkau yang adalah manusia, membuat diri Engkau Tuhan. (TISA)
John 10:31-33 Then the Jews took up stones again to stone him. 32 Jesus answered them, Many good works have I shewed you from my Father; for which of those works do ye stone me? 33 The Jews answered him, saying, For a good work we stone thee not; but for blasphemy; and because that thou, being a man, makest thyself God. (KJV)

Yesus Kristus adalah Putra Tuhan, jadi Yesus Kristus memiliki sifat-sifat ilahi, sedangkan sebagai manusia Yesus Kristus adalah keturunan Daud, yaitu putra Daud, jadi Yesus Kristus juga memiliki sifat-sifat manusia (Roma 1:3, 4).
Jesus Christ is the Son of God, so Jesus Christ has divine attributes, while as to His human nature, Jesus Christ is a descendant of David, i.e. the son of David, so Jesus Christ also has human attributes (Romans 1:3, 4).

Roma 1:3, 4 tentang Putra-Nya, , Yesus Kristus, Junjungan kita, yang berasal dari benih Daud menurut daging; 4 dan ditunjukkan sebagai Putra Tuhan dengan kuasa, menurut roh kekudusan melalui kebangkitan dari antara orang mati: (TISA)
Romans 1:3, 4 Concerning his Son Jesus Christ our Lord, which was made of the seed of David according to the flesh; 4 And declared to be the Son of God with power, according

to the spirit of holiness, by the resurrection from the dead: (KJV)

Yesus Kristus sebagi Putra Tuhan sudah ada sebelum penjelmaan-Nya menjadi manusia, dan Dia sederajat dengan Tuhan, jadi Yesus Kristus itu Tuhan (Galatia 4:4; Yohanes 1:1-14; 5:18-25; 10:30-38).
Jesus Christ as the Son of God existed before His incarnation into man, and He is equal to God, so Jesus Christ is God (Galatians 4:4; John 1:1-14; 5:18-25; 10:30-38).

Galatia 4:4 namun ketika penggenapan waktunya datang, Tuhan mengutus Putra-Nya, yang dijelmakan melalui seorang perempuan dan menerut hukum Taurat. (TISA)
Galatians 4:4 But when the fulness of the time was come, God sent forth his Son, made of a woman, made under the law, (KJV)

Yohanes 1:1-14 Pada permulaan sudah ada Firman, dan Firman itu ada bersama-sama dengan Tuhan, dan Firman itu adalah Tuhan. 2 Firman itu ada bersama-sama dengan Tuhan pada permulaan. 3 Segala sesuatu diadakan oleh Dia yang adalah Firman itu; dan dari segala yang diadakan tidak ada sesuatupun yang diadakan tanpa Dia. 4 Dalam Dia ada kehidupan; dan kehidupan itu adalah penerangan manusia. 5 Dan penerangan itu bersinar dalam kegelapan; dan kegelapan itu tidak memahaminya. 6 ¶ Ada seorang laki-laki yang diutus Tuhan, namanya Yohanes. 7 Dia datang sebagai saksi, untuk memberikan kesaksian tentang Penerangan itu, supaya melalui Dia yang adalah Penerangan itu, semua orang percaya. 8 Yohanes bukan Penerangan itu, tetapi diutus untuk memberikan kesaksian tentang Penerangan itu. 9 Yaitu Penerangan yang sejati, yang menerangi semua orang yang datang ke

dalam dunia. 10 Dia ada di dunia ini, dan dunia ini diadakan oleh Dia, dan dunia ini tidak mengenal Dia. 11 Dia datang kepada umat-Nya, dan umat-Nya tidak menerima Dia. 12 Namun kepada sebanyak yang menerima Dia, yaitu kepada mereka yang percaya pada nama-Nya, Dia memberikan hak untuk menjadi anak-anak Tuhan: 13 yang dilahirkan, bukan dari darah, atau dari kehendak daging, atau dari kehendak manusia, melainkan dari Tuhan. 14 Dan Firman itu telah menjadi daging, dan berdiam di antara kita, (dan kemuliaan-Nya kita rasakan, kemuliaan sebagai Putra kandung yang satu-satunya dari Bapa,) penuh anugerah dan kebenaran. (TISA)

John 1:1-14 In the beginning was the Word, and the Word was with God, and the Word was God. 2 The same was in the beginning with God. 3 All things were made by him; and without him was not any thing made that was made. 4 In him was life; and the life was the light of men. 5 And the light shineth in darkness; and the darkness comprehended it not. 6 There was a man sent from God, whose name was John. 7 The same came for a witness, to bear witness of the Light, that all men through him might believe. 8 He was not that Light, but was sent to bear witness of that Light. 9 That was the true Light, which lighteth every man that cometh into the world. 10 He was in the world, and the world was made by him, and the world knew him not. 11 He came unto his own, and his own received him not. 12 But as many as received him, to them gave he power to become the sons of God, even to them that believe on his name: 13 Which were born, not of blood, nor of the will of the flesh, nor of the will of man, but of God. 14 And the Word was made flesh, and dwelt among us, (and we beheld his glory, the glory as of the only begotten of the Father,) full of grace and truth. (KJV)

Yohanes 5:18-23 Jadi, karena hal itu, kaum Yahudi makin berusaha membunuh Dia, karena bukan saja Dia

melanggar sabat, tetapi juga menyebut Tuhan sebagai Bapa-Nya, yang membuat diri-Nya setara dengan Tuhan. 19 Lalu Yesus menjawab dan berkata kepada mereka, Betul-betul, Aku berkata kepada kalian, Sang Putra tidak bisa melakukan apapun dari diri-Nya sendiri, kecuali Dia melihat apa yang dilakukan oleh Sang Bapa: memang hal-hal apapun yang dilakukan Sang Bapa, hal-hal itu juga dilakukan Sang Putra. 20 Memang Bapa mengasihi Putra, dan memperlihatkan kepada Putra segala hal yang Dia lakukan: dan Bapa akan memperlihatkan kepada Dia pekerjaan-pekerjaan yang lebih besar daripada hal-hal ini, supaya kalian kagum. 21 Memang sama seperti Bapa membangkitkan yang mati, dan menghidupkan mereka; demikian juga Putra menghidupkan yang Dia kehendaki. 22 Memang Sang Bapa tidak menghakimi seorangpun, melainkan telah memberikan segala penghakiman kepada Sang Putra: 23 supaya semua orang menghormati Sang Putra sama seperti mereka menghormati Sang Bapa. Siapa yang tidak menghormati Sang Putra tidak menghormati Sang Bapa yang telah mengutus Dia. (TISA)

John 5:18-23 Therefore the Jews sought the more to kill him, because he not only had broken the sabbath, but said also that God was his Father, making himself equal with God. 19 Then answered Jesus and said unto them, Verily, verily, I say unto you, The Son can do nothing of himself, but what he seeth the Father do: for what things soever he doeth, these also doeth the Son likewise. 20 For the Father loveth the Son, and sheweth him all things that himself doeth: and he will shew him greater works than these, that ye may marvel. 21 For as the Father raiseth up the dead, and quickeneth them; even so the Son quickeneth whom he will. 22 For the Father judgeth no man, but hath committed all judgment unto the Son: 23 That all men should honour the Son, even as they honour the Father. He that honoureth not the Son honoureth not the Father which hath sent him. (KJV)

Yohanes 10:27-30 Domba-domba-Ku mendengarkan suara-Ku, dan Aku mengenal mereka, dan mereka mengikuti Aku: 28 dan Aku memberikan kehidupan kekal kepada mereka; dan mereka tidak akan pernah binasa, juga tidak seorangpun akan merebut mereka dari tangan-Ku. 29 Bapa-Ku, yang memberikan mereka kepada Aku lebih besar daripada siapapun; dan tidak seorangpun bisa merebut mereka dari tangan Bapa-Ku. 30 Aku dan Bapa-Ku adalah satu. (TISA)
John 10:27-30 My sheep hear my voice, and I know them, and they follow me: 28 And I give unto them eternal life; and they shall never perish, neither shall any man pluck them out of my hand. 29 My Father, which gave them me, is greater than all; and no man is able to pluck them out of my Father's hand. 30 I and my Father are one. (KJV)

Gelar "Son of God" atau "Putra Tuhan" mengacu pada Tritunggal - Tuhan Bapa, Tuhan Putra dan Tuhan Roh Kudus (Matius 28:19; 2 Korintus 13:14).
The title "Son of God" refers to the Trinity - God the Father, God the Son and God the Holy Spirit (Matthew 28:19; 2 Corinthians 13:14).

Matius 28:19 Karena itu pergilah, jadikanlah semua bangsa murid-Ku dan baptislah mereka dalam nama Bapa dan Anak dan Roh Kudus, (ITB)
Matthew 28:19 Go ye therefore, and teach all nations, baptizing them in the name of the Father, and of the Son, and of the Holy Ghost: (KJV)

2 Korintus 13:14 Anugerah Sang Junjungan Yesus Kristus dan kasih Tuhan dan persekutuan Roh Kudus, menyertai kalian semua! Amin. (TISA)
2 Corinthians 13:14 The grace of the Lord Jesus Christ, and the love of God, and the communion of the Holy Ghost, be

with you all. Amen. (KJV)

Tuhan Yesus Kristus adalah Putra Tuhan yang unik, maksudnya hanya Dia yang punya hubungan khusus dan istemewa dengan Tuhan Bapa. Tuhan Yesus tidak sama dengan orang-orang yang menjadi anak Tuhan melalui pengangkatan (adopsi).
The Lord Jesus Christ is the unique Son of God, meaning that only He has a special relationship with God the Father. The Lord Jesus is not the same as people who become children of God through adoption.

Yohanes 1:12 Namun kepada sebanyak yang menerima Dia, yaitu kepada mereka yang percaya pada nama-Nya, Dia memberikan hak untuk menjadi anak-anak Tuhan: (TISA)
John 1:12 But as many as received him, to them gave he power to become the sons of God, even to them that believe on his name: (KJV)

Roma 8:14 Memang sebanyak orang yang dipimpin oleh Roh Tuhan, mereka adalah anak-anak Tuhan. (TISA)
Romans 8:14 For as many as are led by the Spirit of God, they are the sons of God. (KJV)

1 Yohanes 3:1, 2 Camkanlah, kasih apa yang sudah dikaruniakan Bapa kepada kita, sehingga kita disebut anak-anak Tuhan: karena hal itu, kita tidak dikenal oleh dunia, karena dunia tidak mengenal Dia. 2 Saudara-saudara yang dikasihi, sekarang kita adalah anak-anak Tuhan, dan belum tampak seperti apa kita akan menjadi: tetapi kita tahu bahwa, ketika Dia menampakkan diri, kita akan menjadi seperti Dia; karena kita akan melihat Dia sebagaimana Dia ada. (TISA)
1 John 3:1, 2 Behold, what manner of love the Father hath

bestowed upon us, that we should be called the sons of God: therefore the world knoweth us not, because it knew him not. 2 Beloved, now are we the sons of God, and it doth not yet appear what we shall be: but we know that, when he shall appear, we shall be like him; for we shall see him as he is. (KJV)

Yesus Kristus itu kekal, tidak berawal dan tidak berakhir (Yohanes 1:1).
Jesus Christ is eternal. He has no beginning and no end (John 1:1).

Yohanes 1:1 Pada permulaan sudah ada Firman, dan Firman itu ada bersama-sama dengan Tuhan, dan Firman itu adalah Tuhan. (TISA)
John 1:1 In the beginning was the Word, and the Word was with God, and the Word was God. (KJV)

Yesus Kristus menciptakan segala sesuatu, dan tanpa Dia tidak ada apa saja yang diciptakan. Yesus Kristus sendiri adalah pencipta, artinya Dia sendiri tidak diciptakan.
Jesus Christ created all things, and without Him nothing was created. Jesus Christ himself is the creator, meaning that he himself was not created.

Yohanes 1:3 Segala sesuatu diadakan oleh Dia yang adalah Firman itu; dan dari segala yang diadakan tidak ada sesuatupun yang diadakan tanpa Dia. (TISA)
John 1:3 All things were made by him; and without him was not any thing made that was made. (KJV)

Kolose 1:16 karena di dalam Dialah telah diciptakan segala sesuatu, yang ada di sorga dan yang ada di bumi, yang kelihatan dan yang tidak kelihatan, baik singgasana, maupun kerajaan, baik pemerintah, maupun penguasa; segala sesuatu diciptakan oleh Dia dan untuk Dia. (ITB)

Colossians 1:16 For by him were all things created, that are in heaven, and that are in earth, visible and invisible, whether they be thrones, or dominions, or principalities, or powers: all things were created by him, and for him: (KJV)

Tuhan Bapa ditampakkan kepada manusia melalui Yesus Kristus dan di dalam Yesus Kristus.
God the Father is revealed to man through Jesus Christ and in Jesus Christ.

Yohanes 1:18 Tidak seorangpun pernah melihat Tuhan; Putra kandung yang satu-satunya, yang ada di pelukan Bapa, Dialah yang menerangkan Bapa. (TISA)
John 1:18 No man hath seen God at any time; the only begotten Son, which is in the bosom of the Father, he hath declared him. (KJV)

Umat Kristen menjadi anak Tuhan melalui iman mereka kepada Yesus Kristus. Yesus Kristus sebagai Putra Tuhan derajat-Nya pasti lebih tinggi dari anak-anak Tuhan yaitu orang-orang Kristen.
Christians become children of God through their faith in Jesus Christ. Jesus Christ as the Son of God is higher than the children of God, namely Christians.

1 Timotius 6:14-16 supaya engkau memperhatikan perintah ini tanpa noda, tanpa cela, sampai penampakan Junjungan kita Yesus Kristus: 15 yang pada waktu-Nya, Dia akan menunjukkan *siapa adalah* Penguasa yang terberkati dan satu-satunya, Raja atas semua raja dan Junjungan atas semua junjungan; 16 Dialah satu-satunya yang memiliki kekekalan, karena tinggal dalam cahaya yang tidak terhampiri; yang tidak seorang pun pernah melihat-Nya, atau tidak juga mampu melihat-Nya: untuk Dialah hormat dan kekuasaan kekal. Amin. (TISA)

KAMUS DWIBAHASA ISTILAH TEOLOGIS BAHASA INGGRIS

1 Timothy 6:14-16 That thou keep this commandment without spot, unrebukeable, until the appearing of our Lord Jesus Christ: 15 Which in his times he shall shew, who is the blessed and only Potentate, the King of kings, and Lord of lords; 16 Who only hath immortality, dwelling in the light which no man can approach unto; whom no man hath seen, nor can see: to whom be honour and power everlasting. Amen. (KJV)

Ibrani 7:25, 26 Oleh karena itu Dia berkuasa juga menyelamatkan dengan sempurna semua orang yang datang kepada Tuhan melalui Dia. Oleh karena Dia hidup selama-lamanya untuk melakukan perantaraan demi mereka. 26 Oleh karena Imam Besar yang demikianlah yang kita perlukan: *yaitu yang* saleh, tanpa salah, tanpa noda, yang terpisah dari orang-orang berdosa dan adalah lebih tinggi dari pada langit, (TISA) Hebrews 7:25, 26 Wherefore he is able also to save them to the uttermost that come unto God by him, seeing he ever liveth to make intercession for them. 26 For such an high priest became us, who is holy, harmless, undefiled, separate from sinners, and made higher than the heavens; (KJV)

Dalam kekekalan, Yesus Kristus duduk di tahkta-Nya dan umat Yesus Kristus melayani Dia. In eternity, Jesus Christ sits on His throne, and His people serve Him.

Wayhu 22:3 Dan tidak akan ada lagi kutuk: dan takhta Tuhan dan Anak Domba akan ada di dalamnya; dan hamba-hamba-Nya akan melayani-Nya, (TISA) Revelation 22:3 And there shall be no more curse: but the throne of God and of the Lamb shall be in it; and his servants shall serve him: (KJV)

THEOPHANY - TEOFANI

Teofani adalah penampakan Tuhan Yesus Kristus dalam wujud manusia sebelum dilahirkan. Cara khusus di mana Tuhan Yesus menampakkan diri-Nya kepada manusia sebelum penjelmaan-Nya (Kisah Para Rasul 7:30-38; Kejadian 3:8; 18:1-33; 19:1).
A theophany is the appearance of the Lord Jesus Christ in human form before he was born. The special form in which the Lord Jesus appeared to man before His incarnation (Acts 7:30-38; Genesis 3:8; 18:1-33; 19:1).

Daniel 3:24, 25 Kemudian terkejutlah raja Nebukadnezar lalu bangun dengan segera; berkatalah ia kepada para menterinya: "Bukankah tiga orang yang telah kita campakkan dengan terikat ke dalam api itu?" Jawab mereka kepada raja: "Benar, ya raja!" 25 Katanya: "Tetapi ada empat orang kulihat berjalan-jalan dengan bebas di tengah-tengah api itu; mereka tidak terluka, dan yang keempat itu rupanya seperti Anak Tuhan!". (ITB)
Daniel 3:24, 25 Then Nebuchadnezzar the king was astonied, and rose up in haste, and spake, and said unto his counsellors, Did not we cast three men bound into the midst of the fire? They answered and said unto the king, True, O king. 25 He answered and said, Lo, I see four men loose, walking in the midst of the fire, and they have no hurt; and the form of the fourth is like the Son of God. (KJV)

Kejadian 18:1 Kemudian TUHAN menampakkan diri kepada Abraham dekat pohon tarbantin di Mamre, sedang ia duduk di pintu kemahnya waktu hari panas terik. (ITB)
Genesis 18:1 And the LORD appeared unto him (Abraham) in the plains of Mamre: and he sat in the tent door in the heat of the day; (KJV)

TRINITY - TRITUNGGAL

Tritunggal adalah tiga pribadi dalam kesatuan ilahi. Tritunggal adalah kesatuan yang terdiri atas Bapa, Putra, dan Roh Kudus sebagai tiga pribadi dalam satu Tuhan. Menurut ajaran Tritunggal, Tuhan ada sebagai tiga pribadi dalam keesaan.
The Trinity is three persons in the divine unity of the Godhead. The Trinity is the unity consisting of the Father, Son, and Holy Spirit as three persons in one God. According to the Trinity doctrine, God exists as three persons in oneness; He is one being.

- SATU TUHAN / TUHAN YANG ESA - ONE GOD

Tuhan itu esa! Dan "Godhead" adalah oknum tunggal: Perjanjian Lama mengajarkan keesaan Tuhan di atas segala-galanya, dan memberikan peringatan keras untuk tidak meninggalkan ajaran ini.
God is one! And the "Godhead" is a singular being: the Old Testament teaches the oneness of God above all else, and gives a stern warning not to abandon this teaching.

Ulangan 6:4 Dengarlah, hai orang Israel: Jehovah, Tuhan kita adalah Jehovah yang esa. (TISA)
Deuteronomy 6:4 Hear, O Israel: The LORD our God is one LORD: (KJV)

Ulangan 5:7 Tidak boleh ada ilah-ilah lain di hadapan Aku. (TISA)
Deuteronomy 5:7 Thou shalt have none other gods before me. (KJV)

Yesaya 44:6 Beginilah firman Jehovah, Raja Israel dan semua angkatan, yang menebus Israel; Akulah yang awal dan Akulah yang akhir; dan selain aku tidak ada Tuhan. (TISA)
Isaiah 44:6 Thus saith the LORD the King of Israel, and his

redeemer the LORD of hosts; I am the first, and I am the last; and beside me there is no God. (KJV)

Semua ajaran yang meyakini lebih dari satu Tuhan, itu ajaran sesat, dan tidak menolong orang untuk mengenal Tuhan yang benar. Informasi yang sama ditemukan dalam Perjanjian Baru. All teachings that believe in more than one God, are heretical teachings, and do not help people to know the true God.

1 Korintus 8:4-6 Demikian mengenai perkara makan apa saja yang dipersembahkan kepada berhala, kita tahu bahwa berhala bukan apa-apa dalam dunia ini, dan bahwa tidak ada Tuhan lain kecuali yang Esa. 5 Oleh karena walaupun ada yang disebut tuhan-tuhan, baik di langit, maupun di bumi, (memang ada banyak tuhan dan banyak junjungan,) 6 namun untuk kita hanya ada satu Tuhan saja, yaitu Sang Bapa, yang dari pada-Nya berasal segala sesuatu dan kita *ada* dalam Dia; dan satu Junjungan Yesus Kristus, yang melalui *Dia ada* segala sesuatu, dan kita *ada* melalui Dia. (TISA)
1 Corinthians 8:4-6 As concerning therefore the eating of those things that are offered in sacrifice unto idols, we know that an idol is nothing in the world, and that there is none other God but one. 5 For though there be that are called gods, whether in heaven or in earth, (as there be gods many, and lords many,) 6 But to us there is but one God, the Father, of whom are all things, and we in him; and one Lord Jesus Christ, by whom are all things, and we by him. (KJV)

Dalam pandangan orang-orang yang percaya pada Tritunggal, Tuhan Bapa, Tuhan Putra, dan Tuhan Roh Kudus adalah bagian dari keesaan ilahi, karena Tritunggal terdiri atas tiga pribadi walaupun sebenarnya satu kesatuan ilahi. Keyakinan Kristen yang terutama dan terpenting adalah bahwa ada satu Tuhan yang memunyai sifat-sifat sebagai berikut: benar, bijak, suci, saleh dan adil. Semua sifat Tuhan itu sempurna.

Keadilan Tuhan Bapa harus dilaksanakan, jadi manusia yang berdosa harus dihukum. Akan tetapi, karena kasih-Nya yang besar, Bapa menyediakan jalan untuk menyelamatkan manusia. Jalan itu dinyatakan dalam Yesus Kristus, Juruselamat, dan jalan keselamatan itu hanya dilakukan melalui pekerjaan Roh Kudus. Tuhan yang ada dalam Perjanjian Lama adalah Tuhan yang sama dalam Perjanjian Baru.

In the view of those who believe in the Trinity, God the Father, God the Son, and God the Holy Spirit are part of the divine unity, because the Trinity consists of three persons even though they are actually one divine entity or being. The foremost and most important Christian belief is that there is one God who has the following qualities: righteous, wise, holy, pious and just. All of God's attributes are perfect. God the Father's justice must be carried out, so sinful humans must be punished. However, because of His great love, the Father provided a way to save mankind. The way is revealed in Jesus Christ, the Saviour, and the way of salvation is only done through the work of the Holy Spirit. The God of the Old Testament is the same God of the New Testament.

Tritunggal adalah ajaran Kristen, yang menyatakan bahwa Tuhan ada dalam satu kesatuan yang terdiri atas tiga pribadi. Ketiga pribadi itu adalah Tuhan Bapa, Tuhan Putra, dan Tuhan Roh Kudus.
Trinity is a Christian teaching, which states that God exists in a single being consisting of three persons. The three persons are God the Father, God the Son, and God the Holy Spirit.

Kata Tritunggal tidak ada dalam Alkitab tetapi istilah itu dipakai untuk menyatakan konsep Tritunggal yang diajarkan dalam Alkitab tentang keesaan Tuhan dalam tiga pribadi.
The word Trinity is not found in the Bible but the term is used to express the concept of the Trinity taught in the Bible about the oneness of God in three distinct persons.

Matius 3:16, 17 Sesudah dibaptis, Yesus segera keluar dari air: dan, camkanlah, langit terbuka untuk Dia, dan Dia melihat Roh Tuhan turun seperti burung merpati, dan datang ke atas Dia: 17 dan camkanlah, ada suara dari surga yang mengatakan: Inilah Putra-Ku yang dikasihi Aku, yang kepada Dialah Aku berkenan. (TISA)
Matthew 3:16, 17 And Jesus, when he was baptized, went up straightway out of the water: and, lo, the heavens were opened unto him, and he saw the Spirit of God descending like a dove, and lighting upon him: 17 And lo a voice from heaven, saying, This is my beloved Son, in whom I am well pleased. (KJV)

Matius 28:19 Karena itu pergilah, jadikanlah semua bangsa murid-Ku dan baptislah mereka dalam nama Bapa dan Anak dan Roh Kudus, (ITB)
Matthew 28:19 Go ye therefore, and teach all nations, baptizing them in the name of the Father, and of the Son, and of the Holy Ghost: (KJV)

TRITHEISM - TRITEISME

Triteisme adalah ajaran sesat karena mengajarkan bahwa Tuhan Bapa, Tuhan Putra, dan Tuhan Roh Kudus adalah tiga Tuhan yang terpisah.
Tritheism is a heresy because it teaches that God the Father, God the Son, and God the Holy Spirit are three separate Gods.

Ajaran agama Mormon mengajarkan bahwa Tuhan Bapa, Tuhan Putra, dan Tuhan Roh Kudus adalah tiga Tuhan yang terpisah. Ajaran itu disebut Triteisme.
Mormons teach that God the Father, God the Son, and God the Holy Spirit are three separate Gods. This teaching is called Tritheism.

TOPIK: ANGEL, DEVIL - MALAIKAT, IBLIS, SETAN

ANGEL - MALAIKAT

Malaikat atau "angel", baik dalam bahasa Ibrani maupun bahasa Yunani, artinya "pembawa berita". Dalam Alkitab malaikat adalah makhluk surgawi yang menyampaikan berita dari Tuhan kepada manusia dan yang mewakili Tuhan untuk melaksanakan kehendak-Nya.

Angel, in both Hebrew and Greek, means "messenger". In the Bible angels are heavenly beings who convey messages from God to humans and who represent God to carry out His will.

Alkitab berbicara tentang dua kolompok malaikat (angel) - yang baik dan yang jahat. Kadang-kadang kelompok malaikat yang jahat disebut "malaikat yang jatuh" ("fallen angels"). Kelompok malaikat yang jahat ikut Setan ketika dia memberontak melawan Tuhan (pemimpin kelompok malaikat yang jatuh namanya Setan) (Matius 25:41; Wahyu 12:9).

The Bible speaks of two classes of angels - the good and the evil. Sometimes the evil group of angels is called the "fallen angels". The evil group of angels joined Satan when he rebelled against God (the leader of the fallen angel group is called Satan) (Matthew 25:41; Revelation 12:9).

Matius 25:41 Dan Ia akan berkata juga kepada mereka yang di sebelah kiri-Nya: Enyahlah dari hadapan-Ku, hai kamu orang-orang terkutuk, enyahlah ke dalam api yang kekal yang telah sedia untuk Iblis dan malaikat-malaikatnya. (ITB)

Matthew 25:41 Then shall he say also unto them on the left hand, Depart from me, ye cursed, into everlasting fire, prepared for the devil and his angels: (KJV)

Wahyu 12:9 Dan naga besar itu, si ular tua, yang disebut Iblis atau Satan, yang menyesatkan seluruh dunia, dilemparkan ke bawah; ia dilemparkan ke bumi, bersama-sama dengan malaikat-malaikatnya. (ITB)
Revelation 12:9 And the great dragon was cast out, that old serpent, called the Devil, and Satan, which deceiveth the whole world: he was cast out into the earth, and his angels were cast out with him. (KJV)

Kelompok malaikat yang memberontak melawan Tuhan juga disebut iblis ("devils"), atau roh jahat ("evil spirits"). Setan berkuasa atas mereka, dan mereka melaksanakan kehendak Setan di seluruh dunia.
The group of angels who rebelled against God were also called devils (sometimes "demons" in modern literature), or evil spirits. Satan has dominion over them, and they carry out Satan's will throughout the world.

Matius 4:24 Maka tersiarlah berita tentang Dia di seluruh Siria dan dibawalah kepada-Nya semua orang yang buruk keadaannya, yang menderita pelbagai penyakit dan sengsara, yang kerasukan, yang sakit ayan dan yang lumpuh, lalu Yesus menyembuhkan mereka. (ITB)
Matthew 4:24 And his fame went throughout all Syria: and they brought unto him all sick people that were taken with divers diseases and torments, and those which were possessed with devils, and those which were lunatick, and those that had the palsy; and he healed them. (KJV)

Lukas 8:2 dan juga beberapa orang perempuan yang telah disembuhkan dari roh-roh jahat atau berbagai penyakit, yaitu Maria yang disebut Magdalena, yang telah dibebaskan dari tujuh roh jahat, (ITB)
Luke 8:2 And certain women, which had been healed of evil spirits and infirmities, Mary called Magdalene, out of whom

went seven devils, (KJV)

Efesus 6:12 karena perjuangan kita bukanlah melawan darah dan daging, tetapi melawan pemerintah-pemerintah, melawan penguasa-penguasa, melawan penghulu-penghulu dunia yang gelap ini, melawan roh-roh jahat di udara. (ITB)
Ephesians 6:12 For we wrestle not against flesh and blood, but against principalities, against powers, against the rulers of the darkness of this world, against spiritual wickedness in high places. (KJV)

Ada beberapa iblis yang sudah ditawan dan mereka menunggu penghakiman.
There are several demons who have been taken captive and are waiting for judgment.

2 Petrus 2:4 Oleh karena kalau Tuhan tidak mengecualikan malaikat-malaikat yang berbuat dosa melainkan menjebloskan mereka ke neraka dan menempatkan mereka ke dalam rantai-rantai kegelapan, untuk menyimpan mereka sampai hari penghakiman; (TISA)
2 Peter 2:4 For if God spared not the angels that sinned, but cast them down to hell, and delivered them into chains of darkness, to be reserved unto judgment; (KJV)

Yudas 1:6 Dan bahwa Ia menahan malaikat-malaikat yang tidak taat pada batas-batas kekuasaan mereka, tetapi yang meninggalkan tempat kediaman mereka, dengan belenggu abadi di dalam dunia kekelaman sampai penghakiman pada hari besar, (ITB)
Jude 1:6 And the angels which kept not their first estate, but left their own habitation, he hath reserved in everlasting chains under darkness unto the judgment of the great day. (KJV)

Malaikat yang baik yang terus melayani dan menaati Tuhan disebut "malaikat pilihan Tuhan" (1 Timotius 5:21). Malaikat juga disebut "roh-roh yang melayani, yang diutus untuk melayani orang-orang yang akan mewarisi keselamatan".
The good angels that continue to serve and obey God are called the elect angels (1 Timothy 5:21). Angels are called ministering spirits, sent to minister to them who are saved.

Ibrani 1:14 Bukankah mereka semua adalah roh-roh yang melayani, yang diutus untuk melayani orang-orang yang akan mewarisi keselamatan? (MB)
Hebrews 1:14 Are they not all ministering spirits, sent forth to minister for them who shall be heirs of salvation? (KJV)

Malaikat disebutkan di seluruh Alkitab. Oleh karena itu, tidak ada yang bisa menyangkal keberadaan malaikat. Menyangkal keberadaan malaikat sama dengan menyangkal kebenaran Alkitab. Kepercayaan akan keberadaan malaikat adalah hal yang biasa dalam keyakinan Kristen. Semua orang Kristen setuju bahwa Yesus Kristus mengajar tentang keberadaan dan tindakan malaikat.
Angels are mentioned throughout the Bible. Therefore, no one who believes in the Bible can deny the existence of angels because to do so would be to deny the truth of the Bible. Belief in the existence of angels is a part of the Christian faith. All Christians agree that Jesus Christ taught about the existence and actions of angels.

(1) Malaikat disebutkan dalam Perjanjian Lama (Kejadian 19:1; Mazmur 8:6; Daniel 3:28; dll.).
(1) Angels are spoken of in the O.T (Genesis 19:1; Psalm 8:5; Daniel 3:28; etc.).
(2) Malaikat disebutkan pada masa Yesus hidup (Matius 4:11; Lukas 22:43).
(2) Angels are spoken of in Jesus' earthly life (Matthew 4:11; Luke 22:43).

(3) Malaikat disebutkan oleh murid-murid Yesus (Kisah Para Rasul 27:23).
(3) Angels are spoken of by the Apostles (Acts 27:23).
(4) Malaikat disebutkan dalam Kitab Wahyu (Wahyu 5:11; dll.).
(4) Angels are spoken of in the book of Revelation (Revelation 5:11; etc.).[11]

Malaikat diciptakan oleh Yesus Kristus (Kolose 1:16).
The Angels were created by Jesus Christ (Colossians 1:16).

Perciptaan malaikat dinyatakan dalam Alkitab sebagai berikut (Mazmur 148:2-5 dan Kolose 1:16.):
The creation of angels is referred to as follows (Psalm 148:2-5 and Colossians 1:16):

Mazmur 148:2-5 Pujilah Dia, hai segala malaikat-Nya, pujilah Dia, hai segala tentara-Nya! 3 Pujilah Dia, hai matahari dan bulan, pujilah Dia, hai segala bintang terang! 4 Pujilah Dia, hai langit yang mengatasi segala langit, hai air yang di atas langit! 5 Baiklah semuanya memuji nama TUHAN, sebab Dia memberi perintah, maka semuanya tercipta. (ITB)
Psalms 148:2-5 Praise ye him, all his angels: praise ye him, all his hosts. 3 Praise ye him, sun and moon: praise him, all ye stars of light. 4 Praise him, ye heavens of heavens, and ye waters that be above the heavens. 5 Let them praise the name of the LORD: for he commanded, and they were created. (KJV)

Kolose 1:16 karena di dalam Dialah telah diciptakan segala sesuatu, yang ada di sorga dan yang ada di bumi, yang kelihatan dan yang tidak kelihatan, baik

---

[11] David W. Cloud, The Way of Life Encyclopedia of the Bible & Christianity (Computer CD Version 3.5), P.O. Box 610368, Port Huron, Michigan 48061-0368, Way of Life Literature, Copyright 1993, 2000.

singgasana, maupun kerajaan, baik pemerintah, maupun penguasa; segala sesuatu diciptakan oleh Dia dan untuk Dia. (ITB)

Colossians 1:16 For by him were all things created, that are in heaven, and that are in earth, visible and invisible, whether they be thrones, or dominions, or principalities, or powers: all things were created by him, and for him: (KJV)

Jatuhnya beberapa malaikat disebutkan dalam Alkitab sebagai berikut:
The fall of several angels is mentioned in the Bible as follows:

Yudas 1:6 Dan bahwa Ia menahan malaikat-malaikat yang tidak taat pada batas-batas kekuasaan mereka, tetapi yang meninggalkan tempat kediaman mereka, dengan belenggu abadi di dalam dunia kekelaman sampai penghakiman pada hari besar, (ITB)
Jude 1:6 And the angels which kept not their first estate, but left their own habitation, he hath reserved in everlasting chains under darkness unto the judgment of the great day. (KJV)

2 Petrus 2:4 Oleh karena kalau Tuhan tidak mengecualikan malaikat-malaikat yang berbuat dosa melainkan menjebloskan mereka ke neraka dan menempatkan mereka ke dalam rantai-rantai kegelapan, untuk menyimpan mereka sampai hari penghakiman; (TISA)
2 Peter 2:4 For if God spared not the angels that sinned, but cast them down to hell, and delivered them into chains of darkness, to be reserved unto judgment; (KJV)

Seperti apa malaikat itu?
What are angels like?

(1) Malaikat adalah roh (Ibrani 1:7).
(1) Angels are spirits (Hebrews 1:7).

(2) Malaikat bisa terbang dan bergerak cepat. Alkitab tidak pernah menyatakan bahwa malaikat punya sayap (Daniel 9:21).
(2) Though angels can fly and move quickly, the Bible never says angels have wings (Daniel 9:21).

(3) Malaikat selalu dikaitkan sebagai laki-laki (Kejadian 18:1, 2; Hakim-hakim 13:3, 6; Lukas 24:3, 4).
(3) Angels are always referred to as masculine (Genesis 18:1, 2; Judges 13:3, 6; Luke 24:3, 4).

(4) Malaikat tidak menikah atau melahirkan anak (Matius 22:30).
(4) Angels do not marry or bear children (Matthew 22:30).

(5) Malaikat berkuasa (Mazmur 103:20).
(5) Angels are very powerful (Psalm 103:20).

(6) Malaikat berhikmat (2 Samuel 14:20).
(6) Angels are very wise (2 Samuel 14:20).

(7) Malaikat tidak bisa mati (Lukas 20:36).
(7) Angels cannot die (Luke 20:36).[12]

Berapa jumlah malaikat? Terlalu banyak untuk dihitung (Mazmur 68:18; Matius 26:53; Ibrani 12:22; Wahyu 5:11).
How many angels are there? They are innumerable (Psalm 68:17; Matthew 26:53; Hebrews12:22; Revelation 5:11).

Apa yang dilakukan oleh malaikat? - What do angels do?

(1) Malaikat menyembah Tuhan (Wahyu 5:11, 12; Mazmur 148:2).
(1) Angels worship God (Revelation 5:11, 12; Psalm 148:2).

(2) Malaikat melayani dan menaati Tuhan (Mazmur 103:20, 21).
(2) Angels serve and obey God (Psalm 103:20, 21).

---

[12] David W. Cloud, The Way of Life Encyclopedia of the Bible & Christianity (Computer CD Version 3.5), P.O. Box 610368, Port Huron, Michigan 48061-0368, Way of Life Literature, Copyright 1993, 2000.

(3) Malaikat melayani dan melindungi umat Tuhan. Contoh: Elia, Daniel, Petrus dan Paulus (Ibrani 1:14; 13:2). Contoh: Elia (1 Raja-raja 19), Daniel (Daniel 6:22), Petrus (Kisah 5:19; 12:7-11), dan Paulus (Kisah Para Rasul 27:23).

(3) Angels minister to and protect God's people (Hebrews 1:14; 13:2). Example: Elijah (1 Kings 19), Daniel (Daniel 6:22), Peter (Acts 5:19; 12:7- 11), and Paul (Acts 27:23).

(4) Malaikat menolong manusia untuk melaksanakan Amanat Agung (Kisah 8:26; 10:3, 7, 22).

(4) Angels help in the Great Commission of world evangelism (Acts 8:26; 10:3, 7, 22).

(5) Malaikat menjaga anak-anak yang percaya kepada Yesus (Matius 18:6, 10).

(5) Angels watch over children who believe in Jesus (Matthew 18:6, 10).

(6) Malaikat mengantarkan orang yang sudah diselamatkan ke surga ketika mereka mati (Lukas 16:22).

(6) Angels accompany saints to Heaven when they die (Luke 16:22).

(7) Malaikat akan datang bersama dengan Yesus waktu Dia kembali dan membantu Dia mendirikan kerajaan-Nya (Matius 24:30, 31; 25:31; 2 Tesalonika 1:7-10).

(7) Angels will return with Jesus from heaven and help establish the kingdom (Matthew 24:30, 31; 25:31; 2 Thessalonians 1:7-10).

(8) Malaikat akan mengikat Setan (Wahyu 20:1-3).

(8) An angel will bind Satan (Revelation 20:1- 3).

(9) Malaikat-malaikat akan menjaga gerbang-gerbang Yerusalem Baru (Wahyu 21:12).

(9) Angels guard the gates of the New Jerusalem (Revelation 21:12).[13]

Orang Kristen bisa belajar dari malaikat tentang hal-hal berikut:

---

[13] David W. Cloud, The Way of Life Encyclopedia of the Bible & Christianity (Computer CD Version 3.5), P.O. Box 610368, Port Huron, Michigan 48061-0368, Way of Life Literature, Copyright 1993, 2000.

What Christians can learn from angels:

(1) Bagaimana menyembah Tuhan (Wahyu 5:11).
(1) How to Worship (Revelation 5:11).
(2) Pelayanan dan ketaatan (Mazmur 103:20, 21).
(2) Service and obedience (Psalm 103:20, 21).
(3) Perhatian yang besar untuk pekerjaan dan rencana Tuhan (1 Petrus 1:12).
(3) Interest in God's work and plan (1 Peter 1:12).
(4) Mengasihi Yesus (Lukas 2:13-15; Matius 4:11).
(4) Love for Jesus (Luke 2:13-15; Matthew 4:11).[14]

Tuhan memakai pelayanan malaikat untuk membebaskan umat-Nya dari penderitaan dan bahaya. Malaikat senang melayani umat Tuhan termasuk anak dan bahkan umat Tuhan yang paling rendah.
God uses the ministry of angels to deliver His people from suffering and danger. Angels are happy to serve God's people, including children and even the lowest of God's people.

DEVIL - IBLIS

Kata "daimon" dalam bahasa Yunani diterjemahkan "devil" dalam bahasa Inggris pada masa Alkitab KJV, dan bahasa Inggris masa kini kata "daimon" diterjemahkan "demon". Makhluk-makhluk ini juga disebut "roh jahat". "Demons" dan "devils", yaitu iblis, adalah kelompok malaikat yang memberontak melawan Tuhan (Matius 9:34; 12:24; 25:41; Wahyu 12:7-9).
The Greek word "daimon" was translated "devil" in the English used in the King James Bible times, and in today's English the word "daimon" is translated "demon". These creatures are also called

---

[14] David W. Cloud, The Way of Life Encyclopedia of the Bible & Christianity (Computer CD Version 3.5), P.O. Box 610368, Port Huron, Michigan 48061-0368, Way of Life Literature, Copyright 1993, 2000.

"evil spirits".[15] "Demons" and "devils", that is, demons, are a group of angels who rebelled against God. Demons or devils are angels that followed Satan in his rebellion (Matthew 9:34; 12:24; 25:41; Revelation 12:7-9).

Pada waktu pelayanan Yesus, iblis tahu bahwa Yesus adalah Putra Tuhan (Matius 8:29; Lukas 4:41).
During the Lord's ministry, devils recognized Him as the Son of God (Matthew 8:29; Luke 4:41).

Iblis sama dengan malaikat baik pengetahuannya maupun kekuasaannya, tetapi sifatnya jahat.
Demons are the same as angels in both knowledge and power, but they are evil in nature.

Sifat-sifat iblis.
The nature of demons / devils.

(1) Iblis adalah makhluk roh, tidak memunyai tubuh (Matius 8:16).
(1) Demons are spirit creatures and do not have bodies (Matthew 8:16).
(2) Iblis cerdas dan memunyai kepribadian (Markus 5:10; Lukas 4:34).
(2) Demons are intelligent and have personality (Mark 5:10; Luke 4:34).
(3) Iblis memunyai kekuatan besar (Kisah Para Rasul 19:16; Markus 5:2-4).
(3) Demons have great strength (Acts 19:16; Mark 5:2-4).
(4) Iblis jahat (Lukas 7:21; 8:2).
(4) Demons are evil (Luke 7:21; 8:2).
(5) Iblis pasti tidak mahatahu.

---

[15] David W. Cloud, The Way of Life Encyclopedia of the Bible & Christianity (Computer CD Version 3.5), P.O. Box 610368, Port Huron, Michigan 48061-0368, Way of Life Literature, Copyright 1993, 2000.

(5) Demons are definitely not omniscient.[16]

Kegiatan iblis.
The activity of demons / devils.

(1) Iblis menolong Setan mengendalikan dunia yang jahat ini (Efesus 6:12).
(1) Demons help Satan control this evil world (Ephesians 6:12).
(2) Iblis menindas dan menyakiti manusia (Lukas 13:16; Markus 5:1-20).
(2) Demons oppress and hurt men (Luke 13:16; Mark 5:1-20).
(3) Iblis bisa merasuki orang (Matius 4:24; 8:16, 28-33; 9:32; 12:22).
(3) Demons possess some people (Matthew 4:24; 8:16, 28-33; 9:32; 12:22).
(4) Iblis mengajarkan ajaran sesat (1 Timotius 4:1).
(4) Demons teach false doctrine (1 Timothy 4:1).[17]

SATAN - SETAN

Setan adalah nama diri. Dalam Perjanjian Baru sebutan "pelawan" dan "penuduh" dan "Setan" dipakai secara bergantian; disebutkan lebih dari tiga puluh kali. Juga disebut "penguasa kegelapan", "pemimpin", "pembesar", "kepala", dan "malaikat yang jatuh ke dalam dosa". Setan juga disebut "penipu", "musuh Tuhan" dan "musuh manusia". Setan adalah makhluk yang jahat dan punya kuasa jauh lebih besar daripada manusia (Ayub 1:6-12; 2:1-7; Wahyu 12:9, 10).
Satan is a proper name. In the New Testament the terms "adversary" and "accuser" and "Satan" are used interchangeably;

---

[16] David W. Cloud, The Way of Life Encyclopedia of the Bible & Christianity (Computer CD Version 3.5), P.O. Box 610368, Port Huron, Michigan 48061-0368, Way of Life Literature, Copyright 1993, 2000.
[17] David W. Cloud, The Way of Life Encyclopedia of the Bible & Christianity (Computer CD Version 3.5), P.O. Box 610368, Port Huron, Michigan 48061-0368, Way of Life Literature, Copyright 1993, 2000.

mentioned more than thirty times. Also called "lord of darkness", "leader", "master", "head", and "fallen angel". Satan is also called "a deceiver", "enemy of God" and "enemy of man". Satan is an evil creature and has power far greater than humans (Job 1:6-12, 2:1-7; Revelation 12:9, 10).

- ASALNYA SETAN
- SATAN'S ORIGIN

(1) Setan diciptakan oleh Tuhan (Kolose 1:16).
(1) Satan was created (Colossians 1:16).
(2) Setan memunyai derajat lebih tinggi daripada malaikat yang lain (Yehezkiel 28:12-14).
(2) Satan was an exalted angel (Ezekiel 28:12-14).
(3) Setan memunyai nama lain yaitu "Lucifer" dan disebut juga Putera Fajar (nama "Bintang Timur" dalam Yesaya 14:12 terjemahan ITB itu salah, yang benar adalah Lucifer!) (Yesaya 14:12).
(3) Satan was called Lucifer, son of the morning (Isaiah 14:12).
(4) Setan menjadi angkuh dan melakukan hal-hal yang merusak. Dia berdosa karena keangkuhannya (Yehezkiel 28:15, 16; Yesaya 14:13; 1 Timotius 3:6).
(4) Satan was lifted up with pride and sinned (Ezekiel 28:15, 16; Isaiah 14:13; 1 Timothy 3:6).
(5) Setan menjadi musuh Tuhan dan musuh manusia (Kejadian 3; 2 Korintus 11:3).
(5) Satan became the enemy of God and of man (Genesis 3; 2 Corinthians 11:3).[18]

Alkitab menjelaskan bahwa Setan adalah makhluk jahat(Matius 4:1-11; Yohanes 8:44).
The Bible portrays Satan as an evil person (Matthew 4:1-11; John 8:44).

---

[18] David W. Cloud, The Way of Life Encyclopedia of the Bible & Christianity (Computer CD Version 3.5), P.O. Box 610368, Port Huron, Michigan 48061-0368, Way of Life Literature, Copyright 1993, 2000.

- SIFAT-SIFAT SETAN
- SATAN'S CHARACTER

(1) Pembohong (Yohanes 8:44).
(1) Satan is a liar (John 8:44).
(2) Pembunuh (Yohanes 8:44).
(2) Satan is a murderer (John 8:44).
(3) Congkak dan angkuh (1 Timotius 3:6).
(3) Satan is proud (1 Timothy 3:6).
(4) Penipu (Wahyu 12:9).
(4) Satan is a deceiver (Revelation 12:9).
(5) Pencuri (Matius 13:19).
(5) Satan is a thief (Matthew 13:19).
(6) Pembinasa (1 Petrus 5:8).
(6) Satan loves to destroy (1 Peter 5:8).[19]

Yesus menjelaskan bahwa Setan adalah "si jahat", berkepribadian dan berkehendak jahat. Setan adalah nama diri. Semua nama lain hanya sebutan yang menjelaskan sifat-sifatnya (Matius 13:19, 38).
Jesus describes Satan is the "evil one", who has an evil personality and will. Satan is his proper name. All other names are just designations that describe its properties (Matthew 13:19, 38).

- SEBUTAN-SEBUTAN SETAN YANG MENGGAMBARKAN SIFAT-SIFATNYA
- SATAN'S DESCRIPTIVE TITLES

(1) Setan juga disebut si iblis (Wahyu 12:9).
(1) The Devil (Revelation 12:9).
(2) Setan juga disebut penguasa udara (Efesus 2:2).
(2) Prince of the power of the air (Ephesians 2:2).

---

[19] David W. Cloud, The Way of Life Encyclopedia of the Bible & Christianity (Computer CD Version 3.5), P.O. Box 610368, Port Huron, Michigan 48061-0368, Way of Life Literature, Copyright 1993, 2000.

(3) Setan juga disebut penguasa dunia (Yohanes 12:31; 14:30; 16:11).
(3) Prince of this world (John 12:31; 14:30; 16:11).
(4) Setan juga disebut ilah dunia ini (2 Korintus 4:4).
(4) God of this world (2 Corinthians 4:4).
(5) Setan juga disebut naga (Wahyu 12:9).
(5) The dragon (Revelation 12:9).
(6) Setan juga disebut ular tua (Wahyu 12:9).
(6) That old serpent (Revelation 12:9).
(7) Setan juga disebut singa yang mengaum-aum (1 Petrus 5:8).
(7) Roaring lion, seeking whom he may devour (1 Peter 5:8).
(8) Setan juga disebut raja kegelapan (Efesus 6:12).
(8) Ruler of darkness (Ephesians 6:12).
(9) Setan juga disebut beelzebul (Matius 12:24), artinya "ilah tahi".
(9) Beelzebub (Matthew 12:24), meaning "dung-god".
(10) Setan juga disebut "apolion", (Wahyu 9:11), artinya penghancur.
(10) Apollyon (Revelation 9:11), meaning "destroyer".
(11) Setan juga disebut si jahat (Matius 13:19).
(11) The wicked one (Matthew 13:19).
(12) Setan juga disebut "belial" (2 Korintus 6:15), artinya "yang tak berharga".
(12) Belial (2 Corinthians 6:15), meaning "worthless".
(13) Setan juga disebut si musuh (Matius 13:39; Lukas 10:19).
(13) The enemy (Matthew 13:39; Luke 10:19).
(14) Setan juga disebut penggoda (1 Tesalonika 3:5).
(14) The tempter (1 Thessalonians 3:5).
(15) Setan juga disebut "roh yang sekarang sedang bekerja di antara orang durhaka" (Efesus 2:2).
(15) The spirit that now worketh in the children of disobedience (Ephesians 2:2).
(16) Setan juga disebut "bapa segala dusta" (Yohanes 8:44).
(16) Father of Lies (John 8:44).
(17) Setan juga disebut pembunuh (Yohanes 8:44).

(17) Murderer (John 8:44).[20]

Orang bisa dijerat oleh Setan (2 Timotius 2:26).
Men are said to be "taken captive by him" (2 Timothy 2:26).

2 Timotius 2:26 dan dengan demikian mereka menjadi sadar kembali, karena terlepas dari jerat Iblis yang telah mengikat mereka pada kehendaknya. (ITB)
2 Timothy 2:26 And that they may recover themselves out of the snare of the devil, who are taken captive by him at his will. (KJV)

Orang Kristen harus melawan Setan (Yakobus 4:7).
Christians should "resist" him (James 4:7).

Yakobus 4:7 Oleh karena itu, tunduklahkanlah diri kalian kepada Tuhan, dan lawanlah si iblis, maka dia akan lari dari padamu. (TISA)
James 4:7 Submit yourselves therefore to God. Resist the devil, and he will flee from you. (KJV)

- **KEGIATAN SETAN**
- SATAN'S ACTIVITIES

(1) Melawan rencana Tuhan (Wahyu 12:1-9).
(1) Opposing God's plan for the ages (Revelation 12:1-9).
(2) Melawan umat Tuhan (1 Petrus 5:8; Zakharia 3:1; 1 Tawarikh 21:1).
(2) Opposing God's people (1 Peter 5:8; Zechariah 3:1; 1 Chronicles 21:1).
(3) Melawan, menghalangi, dan merusak pekerjaan Injil (Matius 13:39; Markus 4:15; 1 Tes. 2:18).
(3) Opposing, hindering, and seeking to corrupt the work of the

---

[20] David W. Cloud, The Way of Life Encyclopedia of the Bible & Christianity (Computer CD Version 3.5), P.O. Box 610368, Port Huron, Michigan 48061-0368, Way of Life Literature, Copyright 1993, 2000.

Gospel (Mat. 13:39; Mar. 4:15; 1 Thess. 2:18).

(4) Membuat mujizat (2 Tesalonika 2:9; Wahyu 13).

(4) Working miracles (2 Thessalonians 2:9; Revelation 13).

(5) Membutakan pikiran manusia akan Injil (2 Korintus 4:4).

(5) Blinding men's minds to the Gospel (2 Corinthians 4:4).

(6) Menimbulkan penyakit dan persoalan (Ayub pasal 1 & 2; Lukas 13:16; 22:31; Kisah Para Rasul 10:38; 1 Korintus 5:5; 2 Korintus 12:7; 1 Timotius 1:20).

(6) Inflicting disease and trouble (Job chapters 1 & 2; Luke 13:16; 22:31; Acts 10:38; 1 Corinthians 5:5; 2 Corinthians 12:7; 1 Timothy 1:20).

(7) Menggoda orang supaya berdosa (Kejadian 3:1-5; Matius 4:1-11; Markus 1:13; Yohanes 13:2; Kisah Para Rasul 5:3; 1 Korintus 7:5; 2 Korintus 2:11; 1 Timotius 5:15).

(7) Tempting men to sin (Genesis 3:1-5; Matthew 4:1-11; Mark 1:13; John 13:2; Acts 5:3; 1 Corinthians 7:5; 2 Corinthians 2:11; 1 Timothy 5:15).

(8) Menguasai orang yang belum diselamatkan (Efesus 2:2; Lukas 22:3; Yohanes 8:44).

(8) Controlling unsaved people (Ephesians 2:2; Luke 22:3; John 8:44).

(9) Menguatkan agama palsu dan permujaan berhala (1 Korintus 10:20; Imamat 17:7; Ulangan 32:17; Mazmur 106:37; Wahyu 9:20).

(9) Empowering false religions and idolatry (1 Corinthians 10:20; Leviticus 17:7; Deuteronomy 32:17; Psalm 106:37; Revelation 9:20).

(10) Menyebarkan ajaran sesat (1 Timotius 4:1; 2 Korintus 11:1-4, 12-15; 2 Timotius 2:25, 26).

(10) Promoting false teachings (1 Timothy 4:1; 2 Corinthians 11:1-4, 12-15; 2 Timothy 2:25, 26).

(11) Mencari orang yang bisa ditelannya (1 Petrus 5:8).

(11) Seeking to devour the Christian (1 Peter 5:8).

(12) Menuduh orang Kristen (Wahyu 12:10).

(12) Accusing Christians (Revelation 12:10).[21]

- BAWAHAN-BAWAHAN SETAN
- SATAN'S SUBORDINATES

Alkitab menyatakan bahwa sepertiga dari jumlah malaikat ikut Setan, berontak melawan Tuhan (Matius 25:41; Efesus 6:12; Wahyu 12:3, 4). Mereka disebut iblis.
The Bible indicates that a third of the angels followed Satan in his rebellion against God (Matthew 25:41; Ephesians 6:12; Revelation 12:3, 4). These are called devils.[22]

- MASA DEPAN SETAN
- SATAN'S FUTURE

(1) Dia akan dilemparkan dari surga ke bumi (Wahyu 12:7-9).
(1) He will be cast out of Heaven (Revelation 12:7-9).
(2) Dia akan meningkatkan tindakannya selama masa Penderitaan Besar (Wahyu 12:12).
(2) He will increase his activity during the Great Tribulation (Revelation 12:12).
(3) Dia akan menguatkan Antikristus (2 Tesalonika 2:8, 9; Wahyu 3).
(3) He will empower the Antichrist (2 Thessalonians 2:8, 9; Revelation 3).
(4) Dia akan mengerahkan negara-negara untuk berperang melawan Tuhan dan umat-Nya (Wahyu 16:13, 14).
(4) He will bring the nations together for the Battle of Armageddon (Revelation 16:13, 14).
(5) Dia akan diikat di dalam jurang maut (Wahyu 20:1-3).

---

[21] David W. Cloud, The Way of Life Encyclopedia of the Bible & Christianity (Computer CD Version 3.5), P.O. Box 610368, Port Huron, Michigan 48061-0368, Way of Life Literature, Copyright 1993, 2000.
[22] David W. Cloud, The Way of Life Encyclopedia of the Bible & Christianity (Computer CD Version 3.5), P.O. Box 610368, Port Huron, Michigan 48061-0368, Way of Life Literature, Copyright 1993, 2000.

(5) He will be bound in the bottomless pit 1,000 years (Revelation 20:1-3).

(6) Dia akan dilepaskan dari penjara, dan dia akan menipu bangsa-bangsa di seluruh bumi, termasuk bangsa Gog dan Magog, dan mengerahkan mereka untuk berperang melawan Tuhan dan umat-Nya (Wahyu 20:7-9).

(6) He will be released to stir up one final rebellion (Revelation 20:7-9).

(7) Dia akan dilemparkan ke dalam lautan api dan belerang dan disiksa siang malam sampai selama-lamanya (Wahyu 20:10).

(7) He will be cast into the lake of fire and brimstone where he will be tormented day and night forever and ever (Revelation 20:10).[23]

Kerajaan Setan sudah dihancurkan melalui karya Yesus Kristus.

The work of Jesus Christ has already destroyed the empire of Satan.

- BAGAIMANA MENGALAHKAN SETAN
- HOW TO DEFEAT SATAN

(1) Dengan iman dalam Yesus Kristus (1 Yohanes 5:4, 5).
(1) By faith in Jesus Christ (1 John 5:4, 5).
(2) Dengan darah Yesus Kristus (Wahyu 12:11).
(2) By the blood of Jesus Christ (Revelation 12:11).
(3) Dengan melawan dia dengan iman yang teguh (1 Petrus 5:8, 9).
(3) By resisting steadfast in the faith (1 Peter 5:8, 9).
(4) Dengan mengenakan seluruh baju zirah Tuhan (Efesus 6:11-19).
(4) By putting on the whole armor of God (Ephesians 6:11-19).
(5) Dengan memakai Firman Tuhan (Matius 4:4).
(5) By using the Word of God (Matthew 4:4).

---

[23] David W. Cloud, The Way of Life Encyclopedia of the Bible & Christianity (Computer CD Version 3.5), P.O. Box 610368, Port Huron, Michigan 48061-0368, Way of Life Literature, Copyright 1993, 2000.

(6) Dengan tunduk kepada Tuhan, dan melawan Setan (Yakobus 4:7).

(6) By submitting to God and resisting the devil (James 4:7).

(7) Dengan kekuatan Roh Kudus yang tinggal di dalam hati kita (1 Yohanes 4:4).

(7) By the power of the indwelling Holy Spirit (1 John 4:4).

(8) Dengan tetap patuh pada Firman Tuhan (Yohanes 8:31, 32).

(8) By continuing in the Word of God (John 8:31, 32).[24]

POWERS AND PRINCIPALITIES - PENGUASA DAN PEMERINTAHAN

Dalam Alkitab ITB istilah "principalities" diterjemahkan sebagai "pemerintah-pemerintah". Sebetulnya, tidak tepat menerjemahkan istilah "principalities" sebagai "pemerintah-pemerintah" dalam bahasa Indonesia. "Principality" artinya pemerintahan, bukan pemerintah. Istilah "powers" sudah benar diterjemahkan sebagai penguasa-penguasa. Baik pemerintahan maupun penguasa bisa baik, bisa jahat.

Biasanya ketika ada istilah "powers" dan "principalities" dalam Alkitab, istilah-istilah itu maksudnya penguasa-penguasa jahat, pada umumnya malaikat yang jatuh ke dalam dosa juga dikenal sebagai iblis ("devils"). Alkitab menyatakan bahwa pergumulan kita adalah melawan penguasa-penguasa jahat ("principalities" dan "powers") bukan melawan orang (Efesus 6:12). Juga, Alkitab menyatakan bahwa Yesus Kristus sudah mengatasi semua penguasa-penguasa jahat ("principalities" dan "powers") (Kolose 2:15; bandingkan Roma 8:38; 1 Korintus 15:24).

Usually when the terms "powers" and "principalities" are found in the Bible, they mean evil rulers, generally the fallen angels that are also known as "devils". The Bible states that our struggle is against

---

[24] David W. Cloud, The Way of Life Encyclopedia of the Bible & Christianity (Computer CD Version 3.5), P.O. Box 610368, Port Huron, Michigan 48061-0368, Way of Life Literature, Copyright 1993, 2000.

evil rulers ("principalities" and "powers") not against people (Ephesians 6:12). Also, the Bible states that Jesus Christ has overcome all evil powers ("principalities" and "powers") (Col. 2:15; compare Romans 8:38; 1 Cor. 15:24).

Efesus 6:12 karena perjuangan kita bukanlah melawan darah dan daging, tetapi melawan pemerintah-pemerintah, melawan penguasa-penguasa, melawan penghulu-penghulu dunia yang gelap ini, melawan roh-roh jahat di udara. (ITB)
Ephesians 6:12 For we wrestle not against flesh and blood, but against principalities, against powers, against the rulers of the darkness of this world, against spiritual wickedness in high places. (KJV)

Kolose 2:15 Ia telah melucuti pemerintah-pemerintah dan penguasa-penguasa dan menjadikan mereka tontonan umum dalam kemenangan-Nya atas mereka. (ITB)
Colossians 2:15 And having spoiled principalities and powers, he made a shew of them openly, triumphing over them in it. (KJV)

Roma 8:38 Memang aku sudah diyakinkan bahwa baik kematian maupun kehidupan, atau malaikat-malaikat, atau kekaisaran-kekaisaran, atau penguasa-penguasa atau hal-hal yang sudah ada, atau hal-hal yang akan terjadi, (TISA)
Romans 8:38 For I am persuaded, that neither death, nor life, nor angels, nor principalities, nor powers, nor things present, nor things to come, (KJV)

1 Korintus 15:24 Kemudian ada kesudahannya, ketika Dia menyerahkan kerajaan kepada Tuhan, yaitu Sang Bapa; ketika dia melenyapkan semua otoritas dan segala kewenangan dan kekuasaan. TISA)

1 Corinthians 15:24 Then cometh the end, when he shall have delivered up the kingdom to God, even the Father; when he shall have put down all rule and all authority and power. (KJV)

Tingkat-tingkat penguasa malaikat dinyatakan oleh Rasul Paulus. Beberapa tempat dalam Alkitab, khususnya dalam Perjanjian Baru, istilah penguasa-penguasa jahat ("principalities" dan "powers") berarti tingkat-tingkat penguasa malaikat, baik malaikat yang baik maupun malaikat yang jahat (Efesus 6:12; Kolose 1:16).
The levels of angelic rulers are stated by the Apostle Paul. In several places in the Bible, especially in the New Testament, the terms "principalities" and "powers") mean the levels of angelic rulers, both good angels and evil angels (Ephesians 6:12; Colossians 1:16).

Kolose 1:16 karena di dalam Dialah telah diciptakan segala sesuatu, yang ada di sorga dan yang ada di bumi, yang kelihatan dan yang tidak kelihatan, baik singgasana, maupun kerajaan, baik pemerintah, maupun penguasa; segala sesuatu diciptakan oleh Dia dan untuk Dia. (ITB)
Colossians 1:16 For by him were all things created, that are in heaven, and that are in earth, visible and invisible, whether they be thrones, or dominions, or principalities, or powers: all things were created by him, and for him: (KJV)

TOPIK: ETERNITY - KEKEKALAN

DEATH - KEMATIAN, MAUT

Kematian bukan akhir segalanya. Kematian tidak berarti tidak ada, karena jiwa kita kekal. Tuhan itu sempurna dan suci. Dosa tidak boleh ada di hadirat Tuhan. Dosa tidak mungkin ada di hadirat Tuhan. Kalau kita tidak dibersihkan dari dosa dan dosa kita tidak ditutupi oleh darah Yesus Kristus maka kita tidak diizinkan berada di hadirat Tuhan. Perpisahan dari Tuhan disebut kematian atau kebinasaan. Jiwa manusia kekal. Jiwa kita akan berada di suatu tempat selama-lamanya. Pertanyaannya adalah, tempat seperti apa?

Death is not the end of everything. Death doesn't mean non-existence, because our souls are eternal. God is perfect and holy. Sin is not allowed in the presence of God. Sin cannot exist in the presence of God. If we are not cleansed from sin and our sins are not covered by the blood of Jesus Christ then we are not allowed to be in the presence of God. Separation from God is called death or destruction. The human soul is eternal. Our souls will be somewhere forever. The question is, what kind of place?

Kalau kita tidak diselamatkan (tidak lahir lagi) melalui rencana keselamatan yang disediakan oleh Tuhan maka kita harus menanggung akibat dosa kita. Akibat itu adalah terpisahnya dari Tuhan dan mendapat hukuman kekal, yang disebutkan 'kematian kekal'.

If we are not saved (not born again) through the plan of salvation provided by God, then we must bear the consequences of our sins. The result is separation from God and eternal punishment also known as eternal death.

Lawan dari kematian kekal adalah kehidupan kekal. Arti kehidupan kekal adalah hidup bersama dengan Tuhan di

surga selama-lamanya. Maut adalah terpisahnya dari Tuhan selama-lamanya. Karena jiwa kita kekal, kita harus bersiap-siap untuk jiwa kita yang kekal.
The opposite of eternal death is eternal life. The meaning of eternal life is to live with God in heaven forever. Death is separation from God forever. Since our souls are eternal, we must make preparations for our eternal soul.

Pada dasarnya maut atau kematian adalah perpisahan. Dalam Alkitab, sehubungan dengan manusia, kata maut atau kematian dipakai dalam tiga pengertian:
Basically, the meaning of death is separation. In the Bible, in relation to humans, the word death is used in three senses:

(1) Kematian rohani - terpisahnya dari Tuhan karena dosa (Efe. 2:1; Yohanes 5:24; Kol. 2:13).
(1) Spiritual death - separation from God because of sin (Eph. 2:1; John 5:24; Colossians 2:13).[25]

Efesus 2:1 Kamu dahulu sudah mati karena pelanggaran-pelanggaran dan dosa-dosamu. (ITB)
Ephesians 2:1 And you hath he quickened, who were dead in trespasses and sins; (KJV)

Yohanes 5:24 Betul-betul, Aku berkata kepada kalian, Seseorang yang mendengar firman-Ku, dan percaya kepada Dia yang mengutus Aku, mempunyai kehidupan kekal dan tidak akan masuk ke dalam penghakiman; melainkan *dia* dialihkan dari kematian ke kehidupan. (TISA)
John 5:24 Verily, verily, I say unto you, He that heareth my word, and believeth on him that sent me, hath everlasting

---

[25] David W. Cloud, The Way of Life Encyclopedia of the Bible & Christianity (Computer CD Version 3.5), P.O. Box 610368, Port Huron, Michigan 48061-0368, Way of Life Literature, Copyright 1993, 2000.

life, and shall not come into condemnation; but is passed from death unto life. (KJV)

Kolose 2:13 Juga kalian, yang pernah mati dalam dosa-dosa kalian dan ketidakbersunatan daging kalian, sudah Dia hidupkan bersama-sama dengan Dia, karena semua pelanggaran kalian sudah diampuni oleh Dia; (TISA)
Colossians 2:13 And you, being dead in your sins and the uncircumcision of your flesh, hath he quickened together with him, having forgiven you all trespasses; (KJV)

(2) Kematian jasmani - terpisahnya jiwa dari tubuh (Matius 2:15; Kejadian 35:18; Yakobus 2:26).
(2) Physical death - separation of the spirit from the body (Matthew 2:15; Genesis 35:18; James 2:26).[26]

Yakobus 2:26 Sebab seperti tubuh tanpa roh adalah mati, demikian jugalah iman tanpa perbuatan-perbuatan adalah mati. (ITB)
James 2:26 For as the body without the spirit is dead, so faith without works is dead also. (KJV)

Kejadian 35:18 Dan ketika ia hendak menghembuskan nafas - sebab ia mati - kemudian di-berikannyalah nama Ben-oni kepada anak itu, tetapi ayahnya menamainya Benyamin. (ITB)
Genesis 35:18 And it came to pass, as her soul was in departing, (for she died) that she called his name Benoni: but his father called him Benjamin. (KJV)

(3) Kematian kekal atau kematian kedua - perpisahan orang yang tidak diselamatkan dari Tuhan sampai selama-lamanya (Wahyu 20:14; 21:8; 2 Tesalonika 1:9).

---

[26] David W. Cloud, The Way of Life Encyclopedia of the Bible & Christianity (Computer CD Version 3.5), P.O. Box 610368, Port Huron, Michigan 48061-0368, Way of Life Literature, Copyright 1993, 2000.

(3) Eternal death or Second death - the final, eternal separation of the unsaved from God and life (Revelation 20:14; 21:8; 2 Thessalonians 1:9).[27]

Perjanjian Baru mengajarkan bahwa kematian adalah kepergian jiwa dari tubuh ke alam kesadaran yang lain.
The New Testament also teaches that death is a departure of the spirit from the body to another realm of conscious existence.

Tubuh berbeda dan terpisah dari roh (1 Tesalonika 5:23; Markus 14:38; 1 Korintus 6:20; 2 Korintus 12:2).
The body is distinct from the spirit (1 Thessalonians 5:23; Mark 14:38; 1 Corinthians 6:20; 2 Corinthians 12:2).

Hanya tubuh yang bisa dinyatakan mati. "Sebab seperti tubuh tanpa roh adalah mati..." (Yakobus 2:26).
It is the body which is said to die. "For as the body without the spirit is dead..." (James 2:26).

Paulus yakin bahwa kematian adalah suatu perjalanan (2 Korintus 5:6, 7; Filipi 1:23, 24; 2 Timothy 4:6).
Paul's testimony was that death is a journey (2 Corinthians 5:6, 7; Philipians 1:23, 24; 2 Timothy 4:6).

Petrus yakin ketika dia mati, dia akan melepaskan tubuhnya (2 Petrus 1:14).
Peter testified that at death he would put off his body (2 Peter 1:14).

Janji Yesus kepada penjahat yang disalib di samping Yesus menunjukkan bahwa kematian adalah kepergian (Lukas 23:43).
Jesus' promise to the thief on the cross shows that death is a departure (Luke 23:43).

---

[27] David W. Cloud, The Way of Life Encyclopedia of the Bible & Christianity (Computer CD Version 3.5), P.O. Box 610368, Port Huron, Michigan 48061-0368, Way of Life Literature, Copyright 1993, 2000.

Kisah tentang Lazarus dan orang kaya menunjukan bahwa kematian adalah kepergian (Lukas 16:22).
The story of Lazarus and the rich man shows that death is a departure (Luke 16:22).

Orang suci yang sudah mati dinyatakan akan kembali bersama dengan Yesus Kristus dari surga pada waktu pembangkitan dan pengangkatan semua orang yang diselamatkan. Peristiwa ini menunjukkan bahwa orang suci yang sudah mati langsung pergi ke surga ketika mati (1 Tesalonika 4:14).
The dead saints are declared to be returning with Jesus Christ from heaven at the resurrection and rapture of all those who are saved. This event shows that dead saints go straight to heaven when they die (1 Thessalonians 4:14).

Wahyu dari Tuhan kepada Yohanes menunjukkan orang suci yang sudah mati berada di surga pada Masa Penderitaan Besar di bumi (Wahyu 6:9-11).
John's heavenly visions show saints who have died in Heaven during the Great Tribulation on earth (Revelation 6:9-11).

Penampakan Musa dan Elia dengan Yesus dalam Injil Lukas 9:30, 31 membuktikan bahwa orang mati tinggal di alam kesadaran yang lain, menunggu dibangkitkan. Musa dan Elia, walaupun sudah mati, dibolehkan oleh Tuhan untuk menampakkan diri bersama-sama dengan Yesus dan membicarakan peristiwa-peristiwa yang akan terjadi di Yerusalem (Matius 17:1-3; Lukas 9:30, 31).
The appearance of Moses and Elijah with Jesus in the Gospel of Luke 9:30, 31 proves that the dead live in another realm of consciousness, waiting to be resurrected. Moses and Elijah, even though they were dead, were allowed by God to appear with Jesus and talk about the events that would take place in Jerusalem (Matthew 17:1-3; Luke 9:30, 31).

Dari ayat-ayat Alkitab di atas, sangat jelas bahwa orang memunyai jiwa dan roh yang meninggalkan tubuh ketika mati. Jiwa dan roh itu akan tinggal di suatu tempat yaitu surga atau neraka.
From the Bible verses above, it is very clear that people have a soul and a spirit that leaves the body when they die. The soul and spirit will live in either heaven or hell.[28]

HEAVEN - SURGA, LANGIT

Surga adalah langit ketiga. Menurut Alkitab, langit itu di atas segala langit. Langit pertama disebut atmosfir. Langit kedua disebut angkasa luar. Langit ketiga disebut Surga. Yesus Kristus datang dari Surga ke bumi dan Dia kembali lagi ke Surga sesudah kebangkitan-Nya. Dari Surga Yesus Kristus akan datang lagi ke bumi untuk kali kedua. Melalui wahyu atau penglihatan dari Tuhan, Rasul Paulus merasa mengunjungi Surga dan menyebutkan Surga itu Firdaus. Surga itu disebut langit ketiga (Yohanes 3:13; Kisa Para Rasul 1:11; Matius 24:30; Roma 8:33, 34; Filipi 3:20; 1 Tesalonika 4:16; Ibrani 6:20; 2 Korintus 12:1-4; Ulangan 10:14; 1 Raja-raja 8:27; Nehemia 9:6).
Heaven is the third heaven. According to the Bible, it is the heaven that is above all heavens. The first heaven is called the atmosphere. The second heaven is called outer space. The third heaven is the heaven where God lives. Jesus Christ came from that Heaven to earth and He returned again to that third Heaven after His resurrection. From Heaven Jesus Christ will come again to earth a second time. Through revelations or visions from God, the Apostle Paul visited the third Heaven and he said that Heaven was Paradise. That heaven is called the third heaven (John 3:13; Acts 1:11; Matthew 24:30; Romans 8:33, 34; Phillipians 3:20; 1

---

[28] David W. Cloud, The Way of Life Encyclopedia of the Bible & Christianity (Computer CD Version 3.5), P.O. Box 610368, Port Huron, Michigan 48061-0368, Way of Life Literature, Copyright 1993, 2000.

Thess. 4:16; Hebrews 6:20; 2 Corinthians 12:1-4; Deuteronomy 10:14; 1 Kings 8:27; Nehemiah 9:6).

- **Istilah heaven (langit, surga) memunyai tiga arti dalam Alkitab.**
- Heaven has three meanings in the Bible.

(1) Atmosfir (lapisan udara yang meliputi bumi) (Kejadian 1:6-8).
(1) The atmosphere surrounding the earth (Genesis 1:6-8).
(2) Angkasa luar di mana ada matahari, bulan, dan bintang (Kejadian 1:14-19; Mazmur 19:2).
(2) Visible space: The region of the sun, moon, and stars (Genesis 1:14-19; Psalm 19:1).
(3) Tempat di mana Tuhan berada (Mazmur 80:15; Yesaya 66:1; Matius 5:16, 45, 48).
(3) The place where God is (Psalm 80:14; Isaiah 66:1; Matthew 5:16, 45, 48).[29]

- **Siapa yang tinggal di surga?**
- Who lives in heaven?

(1) Tuhan Yang Hidup (Ibrani 12:22-24).
(1) The living God (Hebrews 12:22-24).
(2) Malaikat yang tak terhitung banyaknya (Ibrani 12:22).
(2) Angels innumerable (Hebrews 12:22).
(3) Kerub dan Serafim. (Yehezkiel 10)
(3) Cherubims and Seraphims (Ezekiel 10)
(4) Jiwa orang mati yang sudah diselamatkan (Ibrani 12:23).
(4) The spirits of redeemed men (Hebrews 12:23).[30]

---

[29] David W. Cloud, The Way of Life Encyclopedia of the Bible & Christianity (Computer CD Version 3.5), P.O. Box 610368, Port Huron, Michigan 48061-0368, Way of Life Literature, Copyright 1993, 2000.
[30] David W. Cloud, The Way of Life Encyclopedia of the Bible & Christianity (Computer CD Version 3.5), P.O. Box 610368, Port Huron, Michigan 48061-0368, Way of Life Literature, Copyright 1993, 2000.

- Seperti apa surga itu?
- What is heaven like?

(1) Tempat yang suci: tidak ada dosa dan kejahatan (Mazmur 20:7; 1 Korintus 6:9, 10; Wahyu 21:27).
(1) It is a holy place - no sin or evil (Psalm 20:6; 1 Corinthians 6:9, 10; Revelation 21:27).
(2) Tempat penyembahan (Wahyu 4:8-11).
(2) It is a place of worship (Revelation 4:8-11).
(3) Tempat yang sempurna (Lukas 23:43; 2 Korintus 12:4; Wahyu 2:7).
(3) It is a place of paradise (Luke 23:43; 2 Corinthians 12:4; Revelation 2:7).
(4) Tempat kemuliaan (Mazmur 73:24). Tuhan Yesus adalah Tuhan Kemuliaan (1 Korintus 2:8). Cahaya Tuhan yang sangat terang (2 Tawarikh 7:1-3; Lukas 2:9; Matius 17:1-3; Lukas 9:29-31; Wahyu 21:11, 23); Keindahan yang mengagumkan (Yesaya 63:1).
(4) It is a place of glory (Psalm 73:24). Jesus is the Lord of glory (1 Corinthians 2:8). God's brilliant light (2 Chronicles 7:1-3; Luke 2:9; Matthew 17:1-3; Luke 9:29-31; Revelation 21:11, 23); great beauty (Isaiah 63:1).
(5) Tempat di mana tidak ada kesedihan, kesakitan, kematian, kelaparan, kehausan, kegelapan dan tempat di mana tidak ada yang tidak menyenangkan. (Wahyu 21:4; 7:16; 22:5).
(5) It is a place without any unpleasant thing. No sorrow, pain, or death (Revelation 21:4), no hunger or thirst (Revelation 7:16), no darkness (Revelation 22:5).
(6) Tempat melayani Tuhan (Wahyu 22:3).
(6) It is a place of service (Revelation 22:3).
(7) Tempat di mana orang-orang sama seperti Yesus (Ibrani 2:10, 11; Roma 8:29; 1 Yohanes 3:1, 2).
(7) It is a place in which everyone is like Jesus Christ (Hebrews

2:10, 11; Romans 8:29; 1 John 3:1, 2).[31]

- Apa yang ada di surga?
- What is in heaven?

Yang ada di Surga: Ada keindahan yang mengagumkan (Wahyu 4:2, 3; 21:18-21); ada rumah besar (Yohanes 14:2); ada takhta agung (Wahyu 4:2-6); ada makhluk yang mengagumkan (Wahyu 4:6-8); ada bau-bau yang harum dan musik yang enak didengar (Mazmur 45:9); ada kuda-kuda (Wahyu 19:14); ada sungai dan pohon yang mengagumkan (Wahyu 22:1, 2).
Things that are in heaven: Marvelous beauty (Revelation 4:2, 3; 21:18-21); mansions (John 14:2); a great throne (Revelation 4:2-6); wonderful creatures (Revelation 4:6-8); pleasant odors and music (Psalm 45:8); horses (Revelation 19:14); rivers (Revelation 22:1); awesome trees (Revelation 22:2).

(1) Takhta Tuhan yang mulia (Wahyu 4:2-5).
(1) The glorious throne of God (Revelation 4:2-5).
(2) Yesus Kristus yang berada di sebelah kanan Tuhan Bapa (Kisah Para Rasul 7:56; Efesus 1:20).
(2) Jesus Christ at the right hand of God the Father (Acts 7:56; Ephesians 1:20).
(3) Tujuh obor yang menyala-nyala (Wahyu 4:5).
(3) Seven lamps of fire (Revelation 4:5).
(4) Malaikat yang tak terhitung banyaknya (Ibrani 12:22).
(4) Innumerable angels (Hebrews 12:22).
(5) Darah Yesus Kristus (Ibrani 12:24).
(5) The blood of Jesus Christ (Hebrews 12:24).
(6) Jemaat anak-anak sulung (Ibrani 12:23).
(6) The church of the firstborn (Hebrews 12:23).
(7) Dua puluh empat tua-tua / penatua (Wahyu 4:4).

---

[31] David W. Cloud, The Way of Life Encyclopedia of the Bible & Christianity (Computer CD Version 3.5), P.O. Box 610368, Port Huron, Michigan 48061-0368, Way of Life Literature, Copyright 1993, 2000.

(7) The 24 elders (Revelation 4:4).

(8) Empat makhluk (Wahyu 4:6-9).

(8) The four beasts (Revelation 4:6-9).

(9) Harta yang tidak akan rusak (Ibrani 10:34).

(9) Enduring substance (Hebrews 10:34).

(10) Rumah-rumah besar seperti istana (Yohanes 14:2).

(10) Mansions (John 14:2).

(11) Kata-kata yang belum pernah didengar manusia (2 Korintus 12:4).

(11) Unspeakable words which earthlings have never heard (2 Corinthians 12:4).

(12) Kitab kehidupan (Wahyu 20:12).

(12) The book of Life (Revelation 20:12).

(13) Kecapi dan cawan penuh dengan wewangian (Wahyu 5:8).

(13) Harps and vials of odors (Revelation 5:8).

(14) Nyanyian kemuliaan dan penyembahan (Wahyu 5:11-14; 19:6, 7).

(14) Glorious singing and worship (Revelation 5:11-14; 19:6, 7).

(15) Istana-istana gading (Mazmur 45:9).

(15) Ivory palaces (Psalm 45:8).

(16) Wewangian yang sangat harum seperti mur, gaharu dan cendana (Mazmur 45:9).

(16) Lovely fragrances (Psalm 45:8).

(17) Pakaian yang mulia (Mazmur 45:14, 15; Daniel 7:9; 10:5; Matius 17:2; Wahyu 15:6).

(17) Glorious clothing (Psalm 45:13, 14; Daniel 7:9; 10:5; Matthew 17:2; Revelation 15:6).

(18) Mezbah emas (Wahyu 8:3).

(18) The golden altar of incense (Revelation 8:3).

(19) Pemain kecapi yang selalu memetik kecapinya (Wahyu 14:2; 15:2).

(19) Glorious instrumental music (Revelation 14:2; 15:2).

(20) Malaikat yang sedang terbang (Wahyu 14:6).

(20) Angels flying (Revelation 14:6).

(21) Gerbang dan jalan mulia (Wahyu 21:21).

(21) Glorious gates and pavements (Revelation 21:21).

(22) Suara nyaring (Wahyu 16:1).
(22) Great voices (Revelation 16:1).
(23) Kuda-kuda putih (Wahyu 19:11, 14).
(23) White horses (Revelation 19:11, 14).[32]

- Apa yang terjadi di surga sekarang?
- What is going on in heaven now?

(1) Apa yang sedang dilakukan Yesus sekarang? Tuhan Yesus adalah Pembela kita; Dia mengatur pekerjaan penyebaran agama Kristen; mengatur jemaat-jemaat; menyediakan tempat untuk kita; Dia menantikan saat di mana musuh-musuh-Nya akan dijadikan tumpuan kaki-Nya (Roma 8:34; Ibrani 7:25; 1 Yohanes 2:1, 2; Matius 28:20; Wahyu 1; Efesus 1:22, 23; Yohanes 14:1-3; Ibrani 10:12, 13).
(1) What is Jesus doing now? The Lord Jesus is our Advocate; He organizes the work of spreading Christianity; organizing churches, and making room for us; He awaits the day when His enemies will be made His footstool (Romans 8:34; Hebrews 7:25; 1 John 2:1, 2; Matt. 28:20; Rev. 1; Eph. 1:22, 23; John 14:1-3).

(2) Apa yang sedang dilakukan orang-orang Kristen di surga? Memuji Tuhan; mereka dihibur; menikmati Fidaus; melayani Tuhan; menantikan penyelesaian rencana Tuhan; menantikan tubuh baru; memandang kemuliaan kekal Yesus; bersukacita ketika orang yang masih hidup di bumi diselamatkan (Wahyu 4:10, 11, 6:9-11, 7:15; Lukas 16:25, 23:43; 2 Korintus. 12:3, 4; 1 Tesalonika. 4:14-16; 1 Korintus 15:51; Yohanes 17:24; Lukas 15:7, 10).
(2) What are Christians doing now in heaven? Praising the Lord; being comforted; enjoying Paradise; serving God; waiting for the completion of God's plan; waiting for a new body; beholding the eternal glory of Jesus; rejoicing when people who are still alive on

---

[32] David W. Cloud, The Way of Life Encyclopedia of the Bible & Christianity (Computer CD Version 3.5), P.O. Box 610368, Port Huron, Michigan 48061-0368, Way of Life Literature, Copyright 1993, 2000.

earth are saved (Revelation 4:10, 11, 6:9-11, 7:15; Luke 16:25, 23:43; 2 Corinthians. 12:3, 4; 1 Thessalonians. 4:14-16; 1 Corinthians 15:51; John 17:24; Luke 15:7, 10).[33]

- **Kitab-kitab yang ada di surga:**
- Books in heaven:

(1) Kitab kehidupan (Wahyu 20:12; Lukas 10:20).
(1) The book of life (Revelation 20:12; Luke 10:20).
(2) Kitab air mata (Mazmur 56:9).
(2) The book of tears (Psalm 56:8).
(3) Kitab peringatan (Maleakhi 3:16).
(3) The book of remembrance (Malachi 3:16).[34]

- **Apakah orang-orang bisa saling mengenali di surga?**
- Do people recognize one another in heaven?

(1) Nama-nama kita terdaftar di surga, dan kita akan dikenali melalui nama kita (Lukas 10:20).
(1) Our names are recorded in Heaven, and we will be known by our names (Luke 10:20).
(2) Musa dan Elia dikenali Petrus walaupun tidak pernah melihat sebelumnya (Matius 17:3, 4).
(2) Moses and Elijah were known by Peter even though he had never seen them before (Matthew 17:3, 4).
(3) Orang kaya mengenali Lazarus dan Abraham (Lukas 16:23).
(3) The rich man recognized Lazarus and Abraham (Luke 16:23).
(4) Murid-murid Yesus mengenali Dia sesudah kebangkitan-Nya, kecuali ada sesuatu yang menghalangi mata mereka,

---

[33] David W. Cloud, The Way of Life Encyclopedia of the Bible & Christianity (Computer CD Version 3.5), P.O. Box 610368, Port Huron, Michigan 48061-0368, Way of Life Literature, Copyright 1993, 2000.
[34] David W. Cloud, The Way of Life Encyclopedia of the Bible & Christianity (Computer CD Version 3.5), P.O. Box 610368, Port Huron, Michigan 48061-0368, Way of Life Literature, Copyright 1993, 2000.

sehingga mereka tidak bisa mengenali Dia. (Yohanes 21; Lukas 24:16).
(4) The disciples recognized Jesus after His resurrection, except when their eyes were kept from recognizing Him (John 21; Luke 24:16).[35]

- Bagaimana seharusnya sikap orang kristen tetang surga?
- What should be a Christian's attitude about heaven?

(1) Seharusnya memikirkan Surga (Kolose 3:1-3).
(1) We should set our minds on Heaven (Colossians 3:1-3).
(2) Seharusnya hidup sebagai anak terang (Kolose 3:5; Efesus 5:8; 1 Petrus 2:11).
(2) We should live as children of light (Colossians 3:5; Ephesians 5:8; 1 Peter 2:11).
(3) Seharusnya mengumpulkan harta di surga (Matius 6:20; 1 Timotius 6:19).
(3) We should lay up treasures in Heaven (Matthew 6:20; 1 Timothy 6:19).
(4) Seharusnya bersikap seperti warga negara surga dan seperti orang asing di bumi ini (Ibrani 11:13-16; Filipi 3:20).
(4) We should act like citizens of Heaven and pilgrims on earth (Hebrews 11:13-16; Philippians 3:20).
(5) Seharusnya percaya memiliki kehidupan yang kekal (1 Yohanes 5:11-13).
(5) We should be certain of Heaven (1 John 5:11-13).
(6) Seharusnya sadar bahwa ada banyak yang ada di surga yang menyaksikan kehidupan kita sehari-hari (Ibrani 12:1, 2).
(6) We should be aware of many Heavenly witnesses to our daily

---

[35] David W. Cloud, The Way of Life Encyclopedia of the Bible & Christianity (Computer CD Version 3.5), P.O. Box 610368, Port Huron, Michigan 48061-0368, Way of Life Literature, Copyright 1993, 2000.

lives (Hebrews 12:1, 2).[36]

(Surga adalah surga karena keberadaan Yesus Kristus, Juruselamat kita.).
(Heaven will be Heaven, because of the presence of the Lamb of God, the Lord Jesus Christ.).

HELL - NERAKA

Dalam Perjanjian Baru neraka dijelaskan sebagai penjara dan tempat hukuman untuk siapa saja yang memberontak melawan Tuhan. Awalnya neraka diciptakan untuk Setan dan malaikat-malaikat yang ikut memberontak melawan Tuhan. Orang-orang yang tidak diselamatkan akan tinggal di neraka juga (Matius 25:41-46).
In the New Testament hell is described as a prison and a place of punishment for anyone who rebels against God. Originally hell was created for Satan and the angels who rebelled against God. People who are not saved will be in hell too (Matthew 25:41-46).

- Seperti apa neraka itu?
- What is hell like?

(1) Tempat hukuman (Matius 25:46).
(1) A place of punishment (Matthew 25:46).
(2) Tempat yang dijauhkan dari hadirat Tuhan (2 Tesalonika 1:9).
(2) A place of banishment (2 Thessalonians 1:9).
(3) Tempat api (Matius 13:42, 50; Markus 9:44-48; Wahyu 20:15; 14:10).
(3) A place of fire (Matthew 13:42, 50; Mark 9:44-48; Revelation 20:15; 14:10).
(4) Tempat penyiksaan (Lukas 16:23; Wahyu 20:10).

---

[36] David W. Cloud, The Way of Life Encyclopedia of the Bible & Christianity (Computer CD Version 3.5), P.O. Box 610368, Port Huron, Michigan 48061-0368, Way of Life Literature, Copyright 1993, 2000.

(4) A place of torment (Luke 16:23; Revelation 20:10).

(5) Tempat cacing-cacing (Markus 9:44, 46, 48; Yesaya 66:24).

(5) A place of worms (Mark 9:44, 46, 48; Isaiah 66:24).

(6) Tempat kegelapan (2 Petrus 2:17; Yudas 13).

(6) A place of darkness (2 Peter 2:17; Jude 13).

(7) Tempat di mana orang masih sadar dan bisa merasakan walaupun sudah mati (Lukas 16:23).

(7) A place of consciousness and feeling (Luke 16:23).

(8) Tempat di mana orang kehausan (Lukas 16:24).

(8) A place of thirst (Luke 16:24).

(9) Tempat di mana orang mati tidak ada harapan untuk meloloskan diri (Lukas 16:26).

(9) A place without hope of escape (Luke 16:26).

(10) Tempat di mana keinginan dan doa tidak dijawab (Lukas 16:27-31).

(10). A place of unfulfilled desires and unanswered prayers (Luke 16:27-31).

(11) Tempat ratapan dan kertak gigi (Matius 25:30; 24:51).

(11) A place of wailing and gnashing of teeth (Matthew 25:30; 24:51).

(12) Tempat penyesalan (Lukas 16:27, 28).

(12) A place of remorse (Luke 16:27, 28).[37]

- **Gambaran Alkitab tentang neraka:**
- Bible descriptions of hell:

(1) Tempat api neraka (Markus 9:47).

(1) A place of hell fire (Mark 9:47).

(2) Tempat di mana ada api yang tak terpadamkan (Markus 9:43, 45).

(2) A place of the fire that never shall be quenched (Mark 9:43, 45).

(3) Tempat di mana cacing tidak akan mati (Yesaya 66:24; Markus 9:44, 46, 48).

---

[37] David W. Cloud, The Way of Life Encyclopedia of the Bible & Christianity (Computer CD Version 3.5), P.O. Box 610368, Port Huron, Michigan 48061-0368, Way of Life Literature, Copyright 1993, 2000.

(3) A place of where the worm dieth not (Isaiah 66:24; Mark 9:44, 46, 48).

(4) Tempat kengerian untuk segala yang hidup (Yesaya 66:24).

(4) A place abhorring to all flesh (Isaiah 66:24).

(5) Tempat di mana orang sangat kesakitan karena nyala api (Lukas 16:24).

(5) A place where the lost are tormented in flame (Luke 16:24).

(6) Tempat hukuman kehancuran kekal (2 Tesalonika 1:9).

(6) A place of everlasting destruction (2 Thessalonians 1:9).

(7) Tempat api yang bernyala-nyala, dan tempat pembalasan terhadap orang yang menolak Yesus. (2 Tesalonika 1:7, 8).

(7) A place of flaming fire taking vengeance (2 Thessalonians 1:8).

(8) Tempat siksaan yang kekal (Matius 25:46).

(8) A place of everlasting punishment (Matthew 25:46).

(9) Tempat kesedihan dan kematian kekal (2 Petrus 3:7).

(9) A place of perdition (2 Peter 3:7).

(10) Tempat penyiksaan siang-malam sampai selama-lamanya (Wahyu 20:10).

(10) A place of torment day and night forever and ever (Revelation 20:10).

(11) Tempat di mana orang yang menolak Yesus akan dilemparkan ke dalam lautan api (Wahyu 20:15).

(11) A place where the lost are cast into the lake of fire (Revelation 20:15).

(12) Tempat penyiksaan dengan api dan belerang (Wahyu 14:10).

(12) A place of torment with fire and brimstone (Revelation 14:10).

(13) Tempat di mana tidak pernah akan ada ketenangan sampai selama-lamanya (Wahyu 14:11).

(13) A place of no rest day nor night forever and ever (Revelation 14:11).

(14) Tempat api yang kekal di mana orang terkutuk dibuang (Matius 25:41).

(14) A place of banishment "depart from me, ye cursed, into everlasting fire" (Matthew 25:41).

(15) Tempat yang amat sangat gelap di mana orang yang

disiksa dibuang (Matius 22:13).
(15) A place where the lost are cast into outer darkness (Matthew 22:13).[38]

Apa yang tidak ada di neraka? Benda-benda yang berikut ini tidak ada di neraka: Tuhan, Alkitab, orang Kristen, nyanyian pujian, persekutuan dengan teman-teman dan orang-orang yang dikasihi, cahaya, harapan untuk meloloskan diri, kasih dan kebaikan hati, kesenangan, hiburan, pengabaran Injil, istirahat, obat kesakitan, buku, binatang, uang, kebebasan, pilihan, belas kasihan, olahraga, dan anugerah.
What is not in hell? The following things are not in hell: God, the Bible, Christians, hymns, fellowship with friends and loved ones, light, hope of escape, love and kindness, fun, entertainment, pleasure, comfort, the preaching of the Gospel, rest, pain medicine, books, animals, money, freedom, choice, pity, sports, exercise, hope, and mercy.[39]

- **APAKAH ORANG JAHAT DILENYAPKAN DI NERAKA?**
- ARE THE WICKED ANNIHILATED IN HELL?

(1) Ada ayat-ayat Alkitab yang menyatakan dengan jelas bahwa orang berdosa akan menderita di neraka selama-lamanya (Matius 25:46; Markus 9:43-48; Wahyu 14:10, 11; 19:20; 20:10).
(1) Bible passages say the sinner will suffer in Hell eternally (Matthew 25:46; Mark 9:43-48; Revelation 14:10, 11; 19:20; 20:10).

(2) Alkitab menyatakan bahwa hukuman orang mati yang tidak

---

[38] David W. Cloud, The Way of Life Encyclopedia of the Bible & Christianity (Computer CD Version 3.5), P.O. Box 610368, Port Huron, Michigan 48061-0368, Way of Life Literature, Copyright 1993, 2000.
[39] David W. Cloud, The Way of Life Encyclopedia of the Bible & Christianity (Computer CD Version 3.5), P.O. Box 610368, Port Huron, Michigan 48061-0368, Way of Life Literature, Copyright 1993, 2000.

diselamatkan lebih buruk daripada kematian yang kejam (Markus 9:42). Hal ini membuktikan bahwa hukuman itu tidak ditiadakan, sebaliknya ada siksaan yang kekal.

(2) The Bible states that the punishment of the unsaved dead is worse than a violent death (Mark 9:42). This proves that the punishment is not annihilation, but on the contrary, there is eternal torment.

(3) Yesus berkata bahwa lebih baik kalau Yudas tidak pernah dilahirkan (Matius 26:24). Kata-kata Yesus ini tidak masuk akal kalau jiwa Yudas akan dilenyapkan karena melenyapkan jiwa orang jahat berlawanan dengan kebenaran Alkitab.

(3) Jesus said that it would have been better if Judas had never been born (Matthew 26:24). These words of Jesus make no sense if Judas' soul would simply be annihilated, so annihilation is contrary to Bible truth.[40]

- PELAJARAN-PELAJARAN YESUS KRISTUS TENTANG NERAKA
- THE LORD JESUS CHRIST'S TEACHING ON HELL[41]

Lihat Matius 5:22; 13:41, 42; Matius 13:49, 50; 18:8, 9; 23:33; 25:41; Matius 9:25:46; Markus 9:43-48; Lukas 16:19-31.
See Matthew 5:22; 13:41, 42; Matthew 13:49, 50; 18:8, 9; 23:33; 25:41; Matthew 9:25:46; Mark 9:43-48; Luke 16:19-31.

PURGATORY - TEMPAT API PENYUCIAN

Ajaran tentang tempat api penyucian adalah ajaran sesat.
The doctrine of the place of purgatory is heresy.

---

[40] David W. Cloud, The Way of Life Encyclopedia of the Bible & Christianity (Computer CD Version 3.5), P.O. Box 610368, Port Huron, Michigan 48061-0368, Way of Life Literature, Copyright 1993, 2000.

[41] David W. Cloud, The Way of Life Encyclopedia of the Bible & Christianity (Computer CD Version 3.5), P.O. Box 610368, Port Huron, Michigan 48061-0368, Way of Life Literature, Copyright 1993, 2000.

Gereja Katolik mengajarkan bahwa sesudah seseorang mati, jiwanya harus menderita proses pemurnian sebelum bisa menghadap Tuhan.
The Catholic Church teaches us that after death the soul still has to suffer purification (that is the meaning of the word purgatory) before it is able to see God.[42]

Tempat api penyucian adalah tempat atau api pembersihan atau api pemurnian menurut ajaran teologi Katolik Roma. Tempat api penyucian adalah tempat jiwa orang Katolik yang sudah mati disucikan dari dosa-dosa melalui penderitaan.
The place of purgatory is supposedly a place or fire of cleansing or purification according to the teachings of Roman Catholic theology. The place of purgatory is supposedly where the souls of dead Catholics are cleansed from sins through suffering.

Menerut ajaran yang tidak alkitabiah ini, sesudah penyucian itu, yang tidak diketahui berapa lamanya, jiwa orang itu bisa masuk ke surga. Sampai masa kini, tempat api penyucian dijelaskan sebagai tempat kesakitan karena api, tetapi akhir-akhir ini banyak imam Katolik mengajar bahwa api yang ada di tempat api penyucian mungkin hanya lambang saja.
According to this unbiblical doctrine, after this supposed purification, which is not known how long it takes, the soul of the person can supposedly enter heaven. Until recently, purgatory was described as a place of pain and fire, but recently many Catholic priests have taught that the fire in purgatory may be just a symbol.

Menurut doktrin sesat ini, untuk melepaskan jiwa dari penderitaan di tempat api penyucian, orang Katolik mengadakan misa yaitu upacara dan doa-doa yang bisa mempercepat kelepasan jiwa dari tempat api penyucian. Bahkan paus sendiri tidak bisa bebas dari tempat api

---

[42] *The Theologians Answer Your Questions*, 1970, pp. 138-139

penyucian. **Ketika paus mati, misa-misa khusus diadakan di seluruh dunia untuk menolong paus lepas dari tempat api penyucian.**
According to this heretical doctrine, to release the soul from suffering in purgatory, Catholics hold mass, namely ceremonies and prayers that can speed up the release of the soul from the place of purgatory. Even the pope himself cannot escape the place of purgatory. When a pope dies, special masses are held around the world to help the pope escape from purgatory.

- Perkembangan sejarah mengenai tempat api penyucian -
- the historical development of purgatory -

Pada abad-abad pertama sejarah gereja tidak ada gagasan bahwa ada tempat hukuman untuk pemurnian dari dosa setelah kematian dan sebelum kebangkitan.
The idea of a place of punishment and discipline between death and the resurrection, in which sins may be atoned for, was unknown in the early Church.

Ajaran sesat tentang api pemurnian ini dimulai oleh Paus Gregory Agung (590-604) sebagai ajaran agama Katolik. Ajaran itu berdasarkan pada pernyataan roh-roh kepada Paus Gregory! Paus Gregory mengajarkan bahwa melalui upacara-upacara keagamaan yang diadakan oleh orang yang masih hidup, demi orang yang sudah mati, bisa mengurangi kesakitan dalam api pemurnian.
This heresy about the purification fire was started by Pope Gregory the Great (590-604) as a teaching of the Catholic religion. The teaching is based on the revelations of disembodied spirits to Pope Gregory! Pope Gregory taught that through religious ceremonies performed by the living, for the sake of the dead, the pain in the fire

of purification could be reduced.[43]

1 Korintus 3:12, 13 Entahkah orang membangun di atas dasar ini dengan emas, perak, batu permata, kayu, rumput kering atau jerami, 13 sekali kelak pekerjaan masing-masing orang akan nampak. Karena hari Tuhan akan menyatakannya, sebab ia akan nampak dengan api dan bagaimana pekerjaan masing-masing orang akan diuji oleh api itu. (ITB)

1 Corinthians 3:12, 13 Now if any man build upon this foundation gold, silver, precious stones, wood, hay, stubble; 13 Every man's work shall be made manifest: for the day shall declare it, because it shall be revealed by fire; and the fire shall try every man's work of what sort it is. (KJV)

Menurut Paus Gregory, kayu, rumput kering, dan jerami (1 Korintus 3:12) melambangkan dosa-dosa kecil yang harus dibakar. Tafsiran itu tidak aneh bagi orang Katolik.

'The wood and the hay and the stubble' of the Bible (1 Corinthians 3:12) represent, according to Pope Gregory, the lesser sins which must be destroyed by fire![44]

Pada masa kini ajaran tentang tempat api penyucian diuraikan lebih rinci lagi oleh sarjana-sarjana Katolik. Menurut Thomas Aquinas, ada lima tempat kediaman yang tak terlihat untuk orang yang sudah mati: surga, neraka, limbo (tempat tinggal jiwa bayi yang tidak dibaptis), firdaus, dan tempat api penyucian. Tempat api penyucian adalah tempat untuk jiwa-jiwa yang perlu dihukum karena masih ada dosa yang belum dihapus.

---

[43] David W. Cloud, The Way of Life Encyclopedia of the Bible & Christianity (Computer CD Version 3.5), P.O. Box 610368, Port Huron, Michigan 48061-0368, Way of Life Literature, Copyright 1993, 2000.

[44] David W. Cloud, The Way of Life Encyclopedia of the Bible & Christianity (Computer CD Version 3.5), P.O. Box 610368, Port Huron, Michigan 48061-0368, Way of Life Literature, Copyright 1993, 2000.

At present the teaching about the place of purgatory is described in more detail by Catholic scholars. According to Thomas Aquinas, there are five unseen abodes for the dead: heaven, hell, limbo (the abode of unbaptized infant souls), paradise, and purgatory. The place of purgatory is a place for souls who need to be punished because there are still sins that have not been blotted out.[45]

Aneh sekali ajaran ini karena ajaran tempat api penyucian yang sesat ini sangat jelas tidak diajarkan dalam Alkitab. Lagi pula, ajaran tentang tempat api penyucian melawan ajaran Alkitab mengenai keselamatan.
This teaching is very strange because the heretical teaching of purgatory is very clearly not taught in the Bible. After all, the teaching of purgatory goes against the Bible's teaching of salvation.

Menurut para rasul dalam Alkitab, pada waktu kematian orang Kristen yang benar-benar sudah diselamatkan, dia akan pergi langsung ke hadirat Yesus Kristus. Ketika jiwanya meninggalkan tubuh, saat itu juga jiwanya yang sudah diselamatkan tinggal bersama-sama dengan Yesus Kristus (2 Korintus 5:8; Filipi 1:23; 1 Tesalonika 5:9).
According to the apostles in the Bible, at the death of a truly saved Christian, he or she will go directly to the presence of Jesus Christ. When the soul leaves the body, at that moment a saved persons soul lives with Jesus (2 Corinthians 5:8; Philippians 1:23; 1 Thessalonians 5:9).[46]

2 Korintus 5:8 tetapi hati kami tabah, dan terlebih suka kami beralih dari tubuh ini untuk menetap pada Tuhan. (ITB)

---

[45] David W. Cloud, The Way of Life Encyclopedia of the Bible & Christianity (Computer CD Version 3.5), P.O. Box 610368, Port Huron, Michigan 48061-0368, Way of Life Literature, Copyright 1993, 2000.
[46] David W. Cloud, The Way of Life Encyclopedia of the Bible & Christianity (Computer CD Version 3.5), P.O. Box 610368, Port Huron, Michigan 48061-0368, Way of Life Literature, Copyright 1993, 2000.

2 Corinthians 5:8 We are confident, I say, and willing rather to be absent from the body, and to be present with the Lord. (KJV)

1Tesalonika 5:9 Oleh karena Tuhan tidak menetapkan kita untuk ditimpa murka, melainkan untuk memperoleh keselamatan melalui Yesus Kristus, Junjungan kita, (TISA)
1 Thessalonians 5:9 For God hath not appointed us to wrath, but to obtain salvation by our Lord Jesus Christ, (KJV)

Filipi 1:23, 24 Aku didesak dari dua pihak: aku ingin pergi dan diam bersama-sama dengan Yesus Kristus - itu memang jauh lebih baik; 24 tetapi lebih perlu untuk tinggal di dunia ini karena kamu. (ITB)
Philipians 1:23, 24 For I am in a strait betwixt two, having a desire to depart, and to be with Christ; which is far better: 24 Nevertheless to abide in the flesh is more needful for you. (KJV)

Darah Yesus Kristus membersihkan orang yang percaya dari semua dosa dan memberikan keadilan yang sempurna di hadapan Tuhan. Tidak ada orang yang percaya kepada Yesus Kristus yang akan menderita siksaan api pemurnian karena dosanya (Roma 3:21-24; 5:9; 2 Korintus 5:21; Efesus 1:3, 7; Ibrani 9:12; 1 Petrus 2:24; 3:18).
The blood of Jesus Christ cleanses the believer from all sin and renders perfect justice before God. No person who believes in Jesus Christ will suffer the torments of the fire of purification because of his sin (Romans 3:21-24; 5:9; 2 Corinthians 5:21; Ephesians 1:3, 7; Hebrews 9:12; 1 Peter 2:24; 3:18).[47]

---

[47] David W. Cloud, The Way of Life Encyclopedia of the Bible & Christianity (Computer CD Version 3.5), P.O. Box 610368, Port Huron, Michigan 48061-0368, Way of Life Literature, Copyright 1993, 2000.

2 Korintus 5:21 Oleh karena Dia sudah menyebabkan Yesus, yang tidak mengenal dosa, *menjadi* dosa untuk kita; supaya kita bisa dijadikan kemahaadilan Tuhan dalam Yesus Kristus. (TISA)
2 Corinthians 5:21 For he hath made him to be sin for us, who knew no sin; that we might be made the righteousness of God in him. (KJV)

Efesus 1:7 Sebab di dalam Dia [Yesus Kristus] dan oleh darah-Nya kita beroleh penebusan, yaitu pengampunan dosa, menurut kekayaan kasih karunia-Nya, (ITB)
Ephesians 1:7 In whom we have redemption through his blood, the forgiveness of sins, according to the riches of his grace; (KJV)

Ibrani 9:12 dan Ia telah masuk satu kali untuk selama-lamanya ke dalam tempat yang kudus bukan dengan membawa darah domba jantan dan darah anak lembu, tetapi dengan membawa darah-Nya sendiri. Dan dengan itu Ia telah mendapat kelepasan yang kekal. (ITB)
Hebrews 9:12 Neither by the blood of goats and calves, but by his own blood he entered in once into the holy place, having obtained eternal redemption for us. (KJV)

1 Petrus 3:18 Oleh karena Kristus pun telah mati satu kali untuk segala dosa *kita*, Yang mahaadil untuk yang tidak adil, supaya Dia membawa kita kepada Tuhan, Dia dibunuh dalam daging, tetapi dihidupkan oleh Roh: (ITB)
1 Peter 3:18 For Christ also hath once suffered for sins, the just for the unjust, that he might bring us to God, being put to death in the flesh, but quickened by the Spirit: (KJV)

Gereja Katolik Roma tidak memunyai kewenangan yang alkitabiah untuk mengajarkan ajaran tempat api penyucian. Kewenangan yang mereka maksud diambil dari kitab-kitab apokrifa. Menurut Gereja Katolik, kitab-kitab apokrifa dan tradisi-tradisi Gereja Katolik Roma memunyai kewenangan yang sama dengan Alkitab. Hal ini tidak mungkin karena ajaran apokrifa dan tradisi-tradisi itu berlawanan dengan Alkitab. Hanya Alkitab yang memunyai kewenangan. Ajaran yang berlawanan dengan Alkitab, seperti tempat api penyucian, harus ditolak.

The Roman Catholic Church has no biblical authority to teach purgatory doctrine. The authority they take is taken from the apocryphal books. According to the Catholic Church, the apocryphal books and traditions of the Roman Catholic Church have the same authority as the Bible. This is impossible because the apocryphal teachings and traditions contradict the Bible. Only the Bible has authority. Teachings that contradict the Bible, such as purgatory, must be rejected.[48]

Juga, Gereja Katolik Roma tidak memunyai kewenangan yang alkitabiah untuk mengadakan misa demi keselamatan orang mati. Misa disamakan dengan Perjamuan Tuhan. Tidak ada ajaran dalam Alkitab bahwa Perjamuan Tuhan bisa diadakan demi keselamatan orang mati. Tidak ada ajaran dalam Alkitab bahwa orang yang percaya bisa berdoa demi keselamatan orang mati.

Also, the Roman Catholic Church has no biblical authority to hold mass for the salvation of the dead. The Mass is likened to the Lord's Supper. There is no teaching in the Bible that the Lord's Supper can be held for the salvation of the dead. There is no teaching in the Bible that believers can pray for the salvation of the dead.[49]

Menurut praktek Gereja Katolik Roma, orang kaya bisa lepas

[48] David W. Cloud, The Way of Life Encyclopedia of the Bible & Christianity (Computer CD Version 3.5), P.O. Box 610368, Port Huron, Michigan 48061-0368, Way of Life Literature, Copyright 1993, 2000.
[49] David W. Cloud, The Way of Life Encyclopedia of the Bible & Christianity (Computer CD Version 3.5), P.O. Box 610368, Port Huron, Michigan 48061-0368, Way of Life Literature, Copyright 1993, 2000.

dari tempat api penyucian lebih cepat dari orang miskin karena orang kaya sanggup membayar misa-misa khusus demi keselamatan keluarganya yang sudah mati. Selama berabad-abad Gereja Katolik Roma memperkaya diri melalui dusta-dusta dan penipuan tentang tempat api penyucian dan misa (2 Petrus 2:3; Mz. 49:6, 7; Kisah Para Rasul 8:20, 21; 1 Petrus 1:18, 19).

According to the practice of the Roman Catholic Church, the rich can escape from purgatory faster than the poor because the rich are able to pay for special masses for the salvation of their dead families. For centuries the Roman Catholic Church has enriched itself through lies and deception about purgatory and mass (2 Peter 2:3, Psalm 49:6, 7, Acts 8:20, 21 and 1 Peter 1:18, 19).[50]

---

[50] David W. Cloud, The Way of Life Encyclopedia of the Bible & Christianity (Computer CD Version 3.5), P.O. Box 610368, Port Huron, Michigan 48061-0368, Way of Life Literature, Copyright 1993, 2000.

ENGLISH INDEX

INDEKS BAHASA INDONESIA

KAMUS DWIBAHASA ISTILAH TEOLOGIS BAHASA INGGRIS